王權論
自第一册至第五册

ロリユー著
丸毛直利譯

元老院藏版
明治十六年發行

王權論

自第一册
至第五册

日本立法資料全集　別巻
1166

信山社

元老院藏版

王權論

第一篇上

第一册

明治十六年一月發行

忠愛社

元老院藏版

王權論

第一篇上 第一冊

忠愛社

天

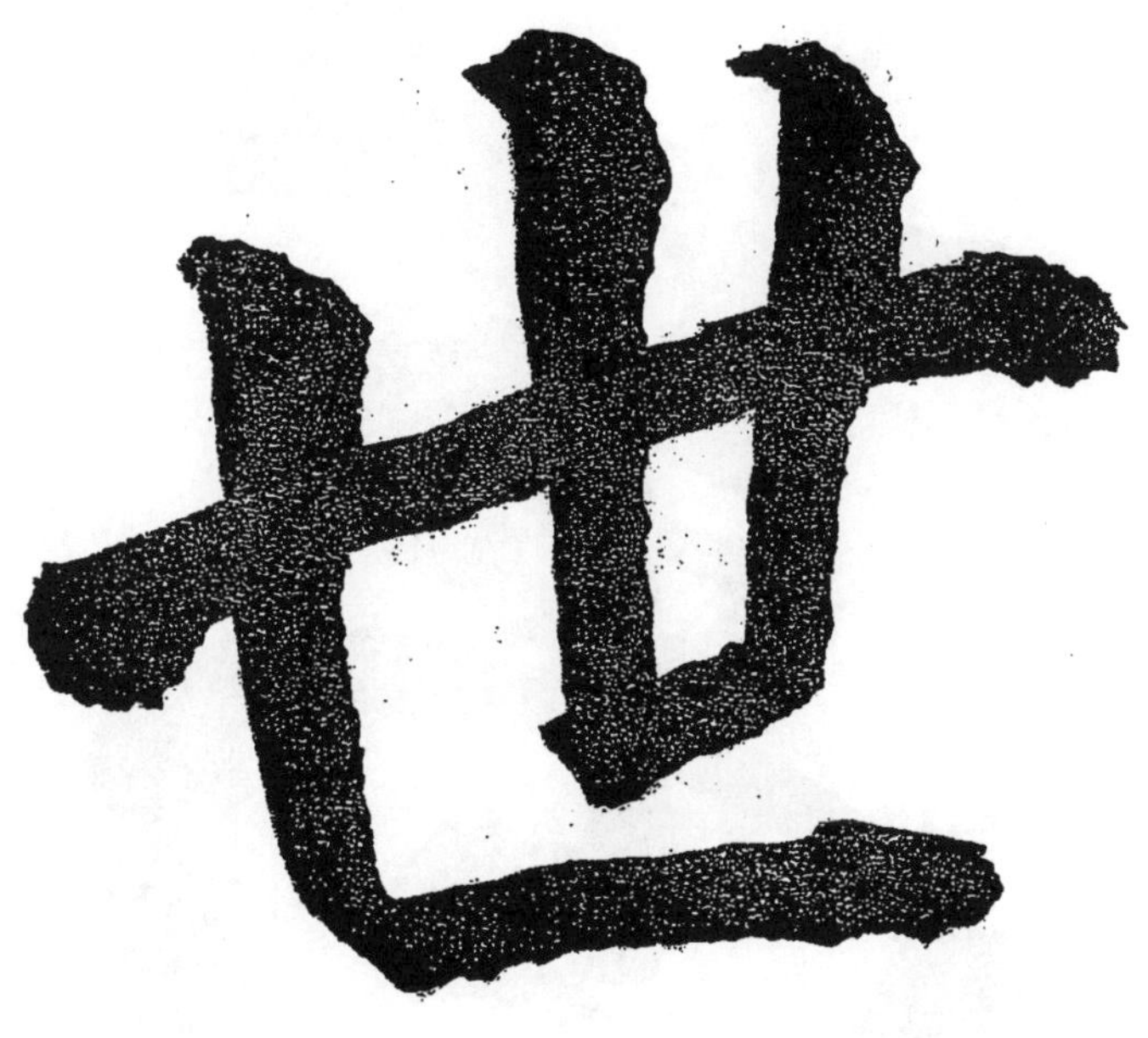

明治十五年十一月

陸軍中將兼近

衛都督議定官

二品勲一等

嘉彰親王題

主權論序

物ノ群スル者必ス團ス團スル者ハ其勢必ス中心ニ集マル人ノ性ヤ群ス小群シテ邑ヲ成シ大群シテ國ヲ成シ而シテ元首之ニ歸ム一感一應シテ國體成ル文明禮義ノ國ヨリ以テ夷種生蕃ノ類ニ至ルマテ未タ能ク此ニ遁ル

ニ者アラス、盖物理ノ自然人力ノ能ク移ス所ニ非サルナリ佛國ロリユー氏王權論未タ醇疵交々雜ルコトヲ免レストト雖モ往ヲ擧ケ今ヲ徵シ及復詳論亦以テ大義ヲ發明スルニ足ル者アリ譯成リ刻ニ付ス是ヲ序ト爲ス

明治十五年十一月

元老院議長正四位勲一等佐野常民

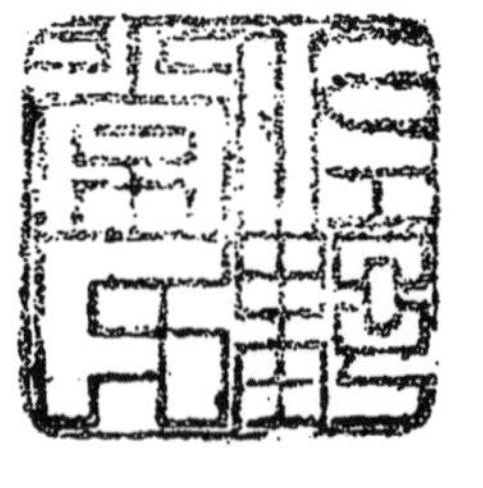

五等書記生辻斐書

王權論

緒言

一此書ハ佛國人ア゛、ロリユー氏ノ著ス所ニシテ千八百四十年ノ發行ニ係ル

千八百十五年拿破崙第一世「ヲーターロー」ノ戰ニ破レテヨリ路易十八世寶祚ヲ踐ミ千八百二十四年ニ崩殂ス王弟查斯十世王位ヲ嗣ク千八百三十年革命ノ變アリテ查斯王外國ニ蒙塵ス是ニ於テ人民查斯王ノ從弟ナル「ヲルレアン」家ノ路易「ヒリップ」ヲ戴テ王ト爲ス此ノ書ハ即チ「ヒリップ」王ノ朝ニ當テ著述セシモノナリ

一此ノ書原名ヲ「プレロガチーヴ、ロハイヤル」ト稱シ佛國及

英國ノ王權ヲ論スルモノニシテ之ヲ上下二編ニ分チ上編ハ專ラ佛國王權ヲ論シ下編ハ即チ英國王權ヲ論スルモノナリ今順次ニ其要ヲ摘譯シ其宗教ニ關スル件又ハ植民地ニ關スル事ノ如キ我國情ニ就キ殆ント無用不急ノ事項ニ屬スルモノハ之ヲ省略ス讀者ノ覽閲ニ供セント欲ス

譯者識

明治十五年十一月

王權論

佛國ノ王權ヲ論ス

第一篇　王位ノ尊榮ヲ論ス

第一章　王權ノ大旨

第二章　王位世襲ノ事ヲ論ス

第三章

第一欵　龍体ノ侵ス可ラサルヿヲ論ス

第二欵　官吏ノ保護ヲ論ス

第三欵　王室ニ關スル訴訟ヲ論ス

第二篇　立法權ノ事

第一章　王ト國會トノ關係ヲ論ス

王權論卷一

佛國 ロリユー 著
日本 丸毛直利 譯

佛國ノ王位ヲ論ス

第一編 王位ノ尊榮ヲ論ス

第一章 王權ノ大旨

方今我佛國ニ行ナハル、カ如キ立憲君主制ノ國体ニ在テハ其國王ノ權利、特權、光榮等ニ關シ一編ノ論述ヲナスハ無要ニアラサルヘシト信スルナリ惟ミルニ我國王者ノ權ハ均シク諸般ノ政務ニ關渉シ大ハ則チ國憲ノ制定ヨリ小ハ則チ行政上瑣末ノ事務ニ至ルマテ一トシテ王權ノ及ハサ

ル所アルコトナシ故ニ茲ニ其權限ヲ明劃スルヿ豈ニ最モ肝要ナリトセサランヤ且夫レ民權ノ伸縮ハ王權ノ廣狹ト正ニ相表裏スルヲ以テ人民權利ノ區域如何ヲ知ラント欲セハ必ス先ツ王權ノ範圍ヲ明ニセサル可ラス然リ而シテ王家ノ爲ニ謀ルニ皇威ヲ保全スル永遠ノ良策ハ亦タ其權限ヲ劃定スルニ在リトス試ニ相隣レル二國ノ境界ヲ以テ之ヲ譬ヘンニ其間一帶ノ長流アリテ境界ヲ明劃スルモノハ其境界ニ關シテ紛紜ヲ起スヿナカルヘキモ一望千里曠目無際ナル平野ノ如キニ至テハ其境界ニ關シテ葛藤ノ生セサランヿヲ欲スルモ得ヘカラサルナリ是レ其境界ヲ明劃スルノ標準ナキニ因ルノミ

且夫一國ノ政治ニ關スル問題ハ之ヲ理論ニ質シ之ヲ平生ニ議スルノ間ニ在テハ其思慮モ亦タ沈重着實ニシテ粗暴ニ失スルヿナク既ニ實際ニ遭遇スルニ至ルモ尚ホ未タ以テ人民ノ自愛心ヲ毀ルニ足ラスト雖モ其一旦弊害百失秩序紊亂スルニ至ラハ其爭ハ理論ニ根據セスシテ權利ノ回復ニ出テ或ハ自尊精神ノ激發ニ出テ恰モ百川ノ洪水一時ニ堤防ヲ潰裂シ其横流ヲ遏クスルニ異ナラス其勢ノ激烈ナル巖石ヲ碎キ鐵壁ヲ破リ滔々トシテ亦タ禦クヘカラス終ニ正理公道ノ區劃線ヲ越エテ其底止スル所ヲ知ラサルニ至ル是レ豈ニ各國革命ノ史乘ニ照シテ昭々タル事跡ニ非スヤ眼ヲ放テ歐州諸國ヲ觀レハ其今日ニ行ハル、立憲政

治ハ十ニ八九皆ナ在昔專制政治タリシニ一朝剛慢ナル帝王又ハ不學無術ノ相臣アリテ恣ニ政權ヲ弄シ施政公道ニ由ラスシテ人民ノ利益ヲ妨害シテ其奉戴ノ情ヲ減消シ終ニ之ヲシテ從來毫モ其意中ニ存セサリシ所ノ保護特權ヲ要求セシムルニ至リ以テ今日ノ形勢ニ推移シタルナリ而シテ其源流ニ溯リ人民カ王威ヲ犯シ至尊ニ迫リテ公然其大權ヲ殺キ其尊榮ヲ減シタルノ因ヲ探レハ則チ大抵二三濫弊ヲ匡正スルノ擧ニ基セスンハアラサルナリ如此ハ則チ英國ヲ以テ其最適例ナリトス夫レ英國憲法ノ諸布令タル時勢ノ迫ルニ隨ヒ時々ノ制定ニ出テタルヲ以テ所謂英國憲法ハ數百年來ノ議決法令ノ類纂ニ係リ其編帙モ亦タ

隨テ浩瀚ナラサルヲ得ス而シテ佛國革命亂ノ起リシハ英國ノ後ニ在リト雖モ其勢ヒ英國ヨリモ急ニシテ其憲法モ亦タ一時ニ制定シタル者トス而シテ其主義ノ簡明ナル僅少ノ條欵ヲ以テ能ク許多ノ意義ヲ包含セリ是ニ由テ之ヲ觀レハ苟モ憲法ニシテ能ク王權ト民權トヲ明劃シ得レハ其他特殊法律ノ如キハ全ク無用ノ贅物タリトス

王權ヲ論セントセハ必ス先ツ一注意ノ要スヘキアリ即チ人若シ權（プレロガチーヴ）ノ字ヲ認メテ獨リ帝王ノ一身ニノミ固有スル者ナリト思惟スルハ甚シキ謬見タルヲ免レサルヿ是ナリ憲法ヲ觀ルニ權ノ字ノ意義ハ更ニ帝王一國ニ主張タルノ資格ヲ以テ有スル所ノ權利ヲ包含セリ夫レ此ノ如クナルヲ

以テ權ノ意義タル實ニ廣大ナリト謂フヘシ又行政權ノ字ヲ以テ直チニ王權ヲ指稱セントスル者アリ是亦タ其當ヲ失スルモノト謂ハサルヲ得ス行政權ノ如キハ特ニ王權中ノ一小部ニ過キスシテ王ハ行政權外尙ホ更ニ無上ニシテ且ツ高尙ナル權利特權ヲ有スル者ナリ

夫レ國王タル者法律ノ執行ヲ監視スルハ其義務ニ於テ最要ノモノタルヿ疑ヲ容レス蓋シ行政權及其他法律ノ遺漏ヲ補苴シ其執行ヲシテ鞏固ナラシムルニ必要ナル布告條例ヲ施行スルハ固ヨリ國王獨占ノ權タレトモ眞個ノ王權ハ是ニ止マラスシテ實ニ憲法ハ王ニ附與スルニ尙他ノ緊要大權ヲ以テセリ

是故ニ王ハ立法權ノ全体ヲ搆成スルニ關シ必要ナル部員ニシテ他猶ホ數種ノ權ヲ有セリ第一國會ハ國王ノ允可アルニ非サレハ集會スルヿヲ得ス第二王ハ常ニ國會ヲ延期シ又更ニ進ンテ民撰議院ヲ解散シ得ヘシ第三法律發議ノ權ハ王元老議員及代議士ト之ヲ分有スレトモ其批准ニ至テハ王獨リ之ヲ專有ス第四王ハ元老議員ノ任免ヲ專ニスルノミナラス隨意ニ之ヲ增減スルヿヲ得ヘシ

又他ノ一方ニ於テハ王權ハ施テ司法ニ及ヒ裁判官ノ任免ヲ專ラニシ百般ノ裁判皆ナ王ノ名ヲ以テ之ヲ行ハシメ又撿察官ヲ使用シ之ヲシテ大小ノ罪ヲ起訴セシメ以テ刑罰ヲ明ニシ又罪人ヲ宥免特赦スルコトヲ得

且夫レ一國ノ政權ヲ區分シテ立法、行政、司法ノ三大權トスルハ本ト立憲議會ノ說ニ出テ法律上今日尙ホ認ムル所ノ者タリト雖モ此區分タル未タ全ク其當ヲ得タリト謂フ可ラス實ニ一國ノ中央ニ在テ政事ヲ運轉スルノ機關ハ豈ニ徒ニ此三者ノミナランヤ宣戰講和ノ權、國家ノ急ニ臨ンテ英斷以テ變ニ處シ臨時ノ政策ヲ決行スルノ權、之ヲ概言セハ總テ保存ノ性質ヲ含蓄セルノ權ハ彼ノ立憲議會カ設定セル三大權中一モ其歸着スヘキ所アルヲ見ス宜ナル哉憲法ハ此ニ見ル所アリテ遂ニ此等ノ權ヲ推シテ王ノ特有ニ歸セシヿ

是故ニ王ハ國家ノ最上主長タルノ資格ヲ以テ外ハ講和同

盟通商等ノ條約ヲ結締シ內ハ海陸軍ヲ指揮シ兵ヲ徵シ戰ヲ開クノ獨權ヲ有シ諸官吏ヲ黜陟シ國家ノ保護ニ必要ナル政略ヲ決行スルナリ

茲ニ又憲法上ニ於テ定メタル政權ノ外之ト性質ヲ異ニシ法律ノ其範圍內ニ入ルヲ許サスシテ法律却テ其影響ヲ被ル所ノ一種ノ權アリ即チ宗教ノ權ナリ王ハ僧官ヲ任シ以テ宗教權ノ執行ヲ保佑スルノ務ヲ有セリ

我今日ノ憲法ハ英國ノ如ク慣習ト瑣事トヲ採拾シテ以テ則例トセシモノニ非スト雖モ代議政体ノ基礎タル兩大原則ニ至テハ英佛共ニ其實茫漠ナルモノニシテ王ハ死セス王ハ惡事ヲ爲サストハ是レ我公法ノ英國憲法ニ採ル所ノ

格言ナリ但此王ヲ以テ不朽者トナシ又過失ナキ者トスルハ或ハ人類稟受ノ薄弱ナルニ戻ルモノアルカ如シト雖モ此ノ原則ヲ設クルノ必要ナルハ吾人後段ニ至テ將ニ其故如何ヲ見ントス

是故ニ佛國ノ王ハ神聖ニシテ侵ス可ラス其行事ノ如キハ決シテ法衙ノ問フ所トナラス加之永遠無疆ニ位ヲ子孫ニ傳フルノ非常ノ特權ヲ有セリ

此ノ如ク簡單ニ枚擧スルモ猶ホ其權ノ廣大ナル特ニ行政權ノミニ止マラサルヲ見ルニ足ルヘシ實ニ我國社會ノ組織タルハ黜陟與奪ノ大權一ニ人民ニ存シ國王ハ徒ニ其代理人タルニ過キサルカ如キ國体ニ非ス又王ヲ指シテ國中

第一ノ官吏トスルノ類ニ非ス世界中ニ斯ノ名稱ノ適當スヘキ二三ノ國ナキニシモ非スト雖𪜈佛國ニ於テハ之ヲ指シテ全ク失理ノ辭ナリト謂ハサルヘカラス共和政体ノ國ニ在テ其大統領ヲ指シテ國家第一ノ公僕ナリト言フハ或ハ其理ナキニ非サルモ豈ニ立君政治ノ國王ヲ以テ之ト同日ニ論スヘケンヤ夫レ此國王ハ全國ヲ擧ケテ一身ニ統括スル者ナリ又タ憲法ノ肉体ニ化生シタル者ナリ果シテ然リ故ニ政体ノ異同ハ往々王ノ有無ニ係リテ變スルナリ見ル可シ共和政体ノ立君政治ニ異ナル所以ハ一ニ王ノ一身ニ係ルヿヲ王崩殂シテ國家分崩離析ノ災ニ罹ルヿ古來其例尠カラス又王ノ位地ハ社會ノ階級外ニ在テ最高處ヲ占

メ其尊キヿ他ニ比スヘキモノヲ見ス是レ蓋シ王ノ權ヲ指スニ特ニ「プレロガチーヴ」ノ字ヲ以テスル所以ナリ而シテ王ノ權利、光榮、特權ハ一ハ之ヲ其身ニ固有スルモノニシテ一ハ之ヲ憲法ニ得ルナリ既ニ憲法ハ之ヲ確認スルノ故ヲ以テ王ノ權タル地球上如何ニ權力アル者ト雖𪜈王ノ承諾ヲ待タスシテ能ク之ヲ殺減スル者アラサルナリ蓋シ立法權ノ一部ヲ構成スル者ニシテ已レノ威力ヲ增サンカ爲ニ他ノ權力ヲ削奪スルカ如キハ決シテ爲シ得ヘキニ非サルナリ今王ハ立法權ノ全体ヲ構成スルニ必要ナル部員ニシテ百般ノ法律皆ナ王ノ統裁スルヲ待テ而シテ後之ヲ制定スルカ故ニ王ノ權力ヲ縮殺スルカ如キハ王ノ承諾ヲ經ル

ニ非サレハ之ヲ行フコト能ハス假令ヒ王ノ其權ヲ使用スルコト正理ニ由ラス從テ其弊ヲ免レサルヿアルモ地球上得テ王ヲ彈劾スル者ハ未タ曾テ之レ有ラサルナリ何トナレハ王ノ行事ハ法術ノ間フヘキ所ニ非ラス又王者ハ生前充分ニ其權ヲ享有シ一點ノ瑕疵ヲ加ヘスシテ之ヲ其子孫ニ傳フルコトヲ得レハナリ

然リト雖モ是レ特ニ法律上ニ成規ニシテ帝王ノ言行ハ則チ專ラ之ヲ賴テ以テ自ラ縱ニスルコトヲ得ス故ニ學識アル帝王ハ古來主治者カ往々其權力ノ强大ナルヲ恃ミ專制壓抑ニ流ルヽノ跡ヲ鑑ミ戰々兢々以テ權利ノ使用ヲ愼ミ日夜政道ニ中庸ヲ失ハンヿヲ以テ憂トスルナリ亞理斯德(アリストートル)

氏曰立君政体ニシテ正ニ是レ立君政体ヲ覆滅スルノ制度タル者甚タ多シ政治上單一ナル眞理ヲ發見シ得タリト思量シ濫ニ其主義ヲ擴張シ其極遂ニ人ヲシテ之ヲ壓惡セシムルニ至ルコト古來ノ通弊ナリト精ナル哉言ヤ是レ蓋シ立憲政体ノ他ノ政体ニ優ル所以ヲ謂ヘルナルヘシ夫帝王タル者自ラ其權力ヲ恃ミ以テ威福ヲ恣ニスレハ害必ス之ニ從ヒ謙遜己ヲ恭クスレハ益必ス之ニ從フハ智者ヲ待タスシテ知ルヘシト雖モ强大ナル者ハ常ニ驕心ノ爲ニ災ヲ招ク者ニシテ天ニ在テハ神使之カ爲ニ墮界シ地ニ在テハ勢威赫々ノ權門大家モ一時ニ衰滅ニ歸スルコト其例勝テ數フヘカラス至尊ノ位ニ居ル者豈ニ愼マサル可ケンヤ

是故ニ憲法ハ制度ヲ設ケ以テ王權ヲ制限シ以テ濫弊ヲ防キタリト雖モ王權ハ素ヨリ盛大ナルヲ以テ其自在ノ活動力ハ尚ホ未タ之カ爲ニ牽掣セラル、ニ至ラス實ニ佛國ニ於テ立君政体ヲ永遠ニ保持セント欲スル者ハ憲法ニ遵由セスンハアル可ラス若シ然ラスンハ安ンソ後世亂臣賊子ノ起ル有テ王位ヲ覬覦シ遂ニ廢滅論ヲ唱フルニ至ヲサルヲ知ランヤ

又王ハ法律ノ人ニシテ其言行一ニ皆ナ法律ノ名ヲ以テス而シテ法律ノ執行ヲ主リ人民ヲシテ能ク之ニ服從セシムルハ王一人ノ職ナルヲ以テノ故ニ王ニ附スルニ其尊榮威光ヲ輝スニ足ルヘキ若干ノ權利ヲ以テシ之ニ因テ臣民ノ

心ヲ感動シ樂ンテ王命ニ順從セシムルヲ致ス是レ王ハ其身ヲ以テ法律ノ機關トスルニ由ルナリ此點ニ據テ考察ヲ下セハ王者ノ權力、尊榮、威光ハ王ヲシテ其私慾ヲ滿足セシムルカ爲メニ非スシテ專ラ人民ノ利益ノ爲メニスト謂フヘキナリ

且ツ王ハ位地愈々高ケレハ臣民覬覦ノ念ヲ動ス丁愈少ナクシテ敢テ王家ニ向テ不軌ヲ企ル者ナキニ至ラン抑軋轢競爭ナルモノハ其階級相近キ者ノ間ニ行ナハル、者ナリ故ニ一千七百八十九年ノ革命亂ハ王家ニ對シテ發シタルモノニ非スシテ貴族ト僧侶トヲ敵視シテ起レルモノナリ然レ𪜈立君政治カ其爭亂ノ中ニ滅亡セル所以ノモノハ其

既ニ民望ヲ失ヒ社會ニ立チ得サルノ貴族僧侶ヲ助ケ其風潮ニ抗抵シタルカ為メニ遂ニ其連累スル所トナリテ之ト沈淪ヲ共ニシタル者ニシテ決シテ人臣不軌非望ノ企ヲ成就シタル者ニ非サルナリ

第二章　王位世襲ノ事ヲ論ス

王權ノ最モ不可思議ナルハ王崩殂ノ後チ之ヲ行フモノトス何ソヤ世界萬國ニ秀テタル最貴無比ノ佛國ヲ統治シ三千二百万ノ人民ニ命令スル王權ヲ以テ永遠無疆ニ其子孫ニ傳フルヲ得三才ノ童子ヲシテ其位ニ立タシムルモ唯其意ニ隨フヘキノ權即是ナリ

此權利タル民事ノ相續ト相似テ其主義モ亦相類スト雖モ其最要ナル一點ニ至テ胥壞ノ逕庭アルヲ見ルナリ概スルニ民事ノ相續ハ唯活動ナキノ財產ヲ傳承スルニ止マルモノニシテ政事上ノ世襲ニ至テハ人民ヲ統治スルヲ以テ其目的トスルナリ抑同一ノ人類ヲ統治スルノ權ハ既ニ尋常

ノモノニ非ス況ンヤ此大權ヲ世襲シ以テ萬機ヲ裁斷スルニ於テヲヤ是レ則チ不可思議ト稱スル所以ナリ是故ニ民事ノ相續ヲ排擊スル公法家アルカ如ク政事上ノ世襲モ亦タ論者ノ非毀スル所トナルヲ免レス而シテ其根據トスル所ノ論理頗ル確固ニシテ容易ク辨破シ得可ラサル者アルナリ然ラハ則我國体ノ基礎タル王位世襲ノ主義ハ果シテ能ク人性ニ適シ政府設立ノ趣旨ニ合スルヤ否ヲ研究スルハ吾輩ノ急務ナリト信スルナリ

人ハ世ニ生ルヽヤ社會（衆人相團聚シテ以生活ヲ爲シ各個孤棲スルヿ能ハサルヲ云）ヲ以テ目的トストノ原則ハ最モ明晰ナルヲ以テ苟モ奇僻論者ニ非サルヨリハ決シテ之ニ異論ヲ懷カサルナリ夫レ人ノ能力性

質目的一トシテ人々群居スルハ天主人ヲ造ルノ意ニ在ルコトヲ證セサルモノナシ是故ニ神教ハ四海皆兄弟ノ理ヲ說キ以テ人々相親愛スルノ道ヲ教ヘタリ而シテ人ニ此情アルハ天主ノ以テ之ニ賦與スル所ニシテ其由來スル所ノ原因ヲ知ラサルノ人民ト雖モ未タ嘗テ自然ニ此情ヲ存セサル者ハアラス所謂人情是ナリ

且夫レ人民生活ノ方法中其最モ能ク人性ニ適スルモノハ人民之ニ依テ速ニ完美ノ域ニ達スルヿヲ得然ルニ人類ノ睽離孤立シテ以テ其生ヲ營ム者ハ專ラ其精神ヲ衣食ニノミ勞シ曾テ之ヲ用ヒテ以テ智識ヲ發達スルヿヲ得ス然リト雖モ天主ノ人ヲ造ル已レヲ以テ其模型トナシ之ニ智識靈

魂ヲ賦與セリトノ說ニ據レハ人ノ其智識ヲ發達擴張スルハ則チ其模型ニ則ル者ニシテ畢竟已レヲ天主ニ同クセンコヲ勉ムル者ナレハ人智ノ發達ヲ拒ムハ則チ神意ニ戻リ天理ヲ壞ル者ト謂ハサルヲ得ス又人其言語ヲ用ヒ互ニ思想ヲ通シ文字ヲ借リ數百里外ニ通信シ或ハ一旦ノ發明ヲ千萬年ノ後ニ貽スコヲ得ルハ是レ皆天主ノ賜ニシテ人ノ禽獸ト其類ヲ異ニシ以テ一樣ノ形狀ヲ株守スヘキ者ニ非サルコトヲ知ルヘシ是故ニ人若シ其目的トスル所ニ背カサランＦ欲セハ常ニ完美ノ域ニ進向セサル可ラス苟モ其然ルヲ欲セハ則蠻ノ形狀ニ生活シテ以テ人性ニ戻ルヘカラス而シテ人タルモノ其形狀ヲ完美ノ域ニ達セント欲セ

ハ宜シク社會ノ生活ニ着目スヘキナリ
既ニ社會アリテ組織セラレタル以上ハ人間ノ秩序ヲ維持シ兇暴無頼ノ徒ヲ箝束シ情慾惡德ノ弊ヲ抑制シ私利ヲ禁シ以テ公益ニ服セシムヘキ政府ノ權力ナカル可ラサルハ言ヲ待タサル所ナリ
是故ニ本論ノ主眼トスル所ハ如何ナル政体カ最モ能ク人性ニ恰好スルヤヲ知ルニ在リ世上往々速了論者アリテ容易ニ此問題ヲ判決セリ此輩ノ見ル所ヲ以テスレハ政体ノ規模ハ唯一種ノミニ止リ其他ノ政体ニ至テハ一モ其則ルヘキ所アルヲ知ラサルナリ是レ實ニ近世世論ノ風潮漸ク空理ニ傾向シ社會ノ進歩ハ必ス一定ノ規矩ヲ要スルモノ

ト謗信シ常ニ汲々トシテ之ヲ發見スルヲ以テ務トスルニ由ルナリ

夫レ事物ニ萬古不易ノ性質ヲ賦與スルハ獨リ天主ノ能スル所ニシテ人力ノ企テ及フヘキニ非ス今日ノ世界ヲ觀レハ六千年前天主ノ定メタル法則ニ因テ活動シ人ノ人タル所以ニ於テ一點ノ變化ヲ見スト雖モ其外ニ顯ハルヽノ形質ニ至テハ千變萬化殆ント窮極スヘカラス是ヲ以テ一國ノ政治法律ノ如キ人心ノ變遷ニ從テ影響ヲ蒙ルノ事物ハ凡テ之ト隆替浮沈ヲ共ニセサルモノ莫シ如之一國ノ形勢ハ其民文明ノ程度ニ從テ差異アルカ故ニ其政權ヲ握リ以テ其民ニ臨ミ之カ爲ニ適度ノ法律ヲ制定スルハ容易ナル

事業ニ非スシテ非常ノ才識ヲ具フル者ニ非サルヨリハ能ク其任ニ堪ヘサルハ人ノ能ク知ル所ナリ故ニ歐洲文明ノ民ニ適當ナル制度法律ヲ以テ直チニ新世界ノ蠻民ヲ治メント欲スルモ豈ニ得ヘケンヤ蓋シ天下ノ形勢ニ注目シ各國ノ政事ヲ觀察スル者ニ在テハ時勢ト國狀トニ從テ各其國体政治ヲ異ニスルヲ洞見スルモ亦タ難キニ非ス見ル可シ政体ノ千種萬別ナル土耳其ノ專制政治ヨリシテジコテーヴサンマラン等ノ民主政治ニ至リ其數殆ト算フルニ勝ヘサルナリ既ニ政治國体ハ國土人情風俗ニ從テ各國其制ヲ異ニスルヿ此ノ如キヲ見レハ政体ノ基ク所ロ性法ニ在ラスシテ全ク人事ニ屬スルヿヲ知ル可シ夫人類倫常ノ道

ノ若キハ洋ノ東西ヲ問ハス時ノ今古ヲ論セス何レノ世何レノ民ト雖𪜈多少之ヲ識別セサル者アラスト雖𪜈政治ノ得失利害ニ至テハ毎人其説ヲ異ニシ派ヲ立テ論ヲ別ニシ駁擊唱和紛紜トシテ底止スル所ナシ故ニ一國ノ政体ハ人民ノ意嚮如何ニ從テ時々變化シ而シテ一定不動ノ政体ナルモノハ未タ嘗テ之レ有ラサルナリ然レ𪜈古今ノ經歴ニ據テ觀察ヲ下セハ各國ノ人民ハ寧ロ天地ノ大經ヲ履ムヿ多クシテ夫ノ平權同等ノ主義ノ如キニ至テハ未タ嘗テ一國ノ殄滅ヲ招キ百姓ノ災害ヲ釀サヽル者ハアラス故ニ共和政治ハ概ネ皆ナ立君政治ニ始マリテ立君政治ニ終ルヿ古來ノ通例ナリトス之ヲ要スルニ何レノ國ト雖𪜈斯ノ如

ク其國体ヲ變シ憲法ヲ更ムルヿノ數回ナルヲ觀レハ政体ノ人爲ニ屬スルヿ葢シ疑ヲ容ルヘキニ非ス又天主ハ人ノ知ラサル可ラサルヿハ一トシテ人ニ教ヘサルヿナシ故ニ人其權利義務ヲ識ルト識ラサルトハ國ノ安否ニ係ル者少カラサルヲ以テ宗教ニ道義ニ詳明ニ之ヲ解説シタレトモ政治上ハ一事ニ至テハ單ニ人ノ生ルヽハ社會ヲ以テ目的トストノ原則ニ由リ以テ人ハ其秩序ヲ敬セサル可ラス已レハ長上ニ服從セサル可ラスト謂ヲ以テ足レリトシ其他政体ノ利害得失ニ説キ及ホサス

是ニ由テ之ヲ觀レハ如何ナル政体ト雖トモ善良ナラサルハ無ク如何ナル政体ト雖トモ人ノ目的トスル所ニ從テ人性ニ

適シ其國開化ノ程度ニ相應セサルハナキナリ
此主義ハ既ニ今日ニ至テハ異議ヲ懷フ可ラサルカ如シ然ルニ露ハニ此主義ニ向テ攻擊ヲ試ミスシテ暗ニ其結果ヲ非毀スルノ論者アリ是ニ於テ政論社會ニ兩派ノ黨ヲ生シ一ヲ民權論者トナシ一ヲ神權論者トナス此兩派相爭フコト久クシテ解ケス就中其爭ノ最モ烈シキモノヲ八十九年ノ革命亂ナリトス當時民權論者ハ共和政治ヲ主唱シ神權論者ハ帝王政治ヲ賛成シタリキ
然リト雖ﾓ革命亂ノ時ニ當テ神民ノ兩黨ハ專ラ腕力ニ依賴シテ以テ勝ヲ政事社會ニ制セントし欲シ動モスレハ銃砲劍戟ニ訴ヘ以テ其黨ノ素志ヲ達セントシタルニヨリ共和

政府ハ其敵黨ヲ追放斬戮スレハ從テ其反動ヲ起シヅハンデーブルターギユノ暴擧トナリ以テ纔ニ其憤怨ヲ洩スヲ得タリ凡ソ物之ヲ壓搾スルヿ愈々强ケレハ其反動モ亦愈々烈シキヲ加フルハ自然ノ常數ナリ故ニ兩黨ノ軋轢ハ日ニ益々劇ヲ加ヘ戎馬ノ響ハ終ニ道理ノ聲ヲ壓シ主義ノ説ハ世人ノ耳朶ニ上ラサルノ狀ヲ致セリ其後王政トナリ天下和平ニ歸スルニ及ンテ人々漸ク性理ノ學ニ就キ眞正ノ主義ヲ切磋スルコトヲ得テ政治家輩モ亦タ其僻論ノ主張ヲ止メ道理ノ光輝ノ照ラス所ニ從テ其主義ヲ定メタリキ然ルニ今日ニ至テハ人心ノ風潮專ラ折衷理學派ヲ尙ヒ温和中正ノ主義ヲ好ムヲ以テ民神兩派ノ間ニ一ノ新政派ヲ

起シ世襲主義ヲ以テ其黨議ノ綱領トハナセリ

神權政治ノ說タル固ト思想ノ混亂ニ由來セルモノニシテ今之ヲ辨明スルコト難キニ非ス抑此主義ハ猶太人種ヨリ起リテ古今無比ノ一政体ニ基スル者ナリ而シテ其政体ハ古來其例ノ見ルヘキハ唯一回ニ過キス初メ猶太人種ノ始祖天主ヲ以テ國君ト仰キ立法行政一ニ皆天主ノ主宰ニ任セタリシカ其後稍隣國ノ風俗ヲ見聞スルニ及ヒ其王位ノ眩耀ナル朝廷ノ莊嚴ナルヲ羨ミ遂ニ人類ノ君ヲ得テ之ヲ戴カンコトヲ希望セリ此猶太人ノ神ニ事フルハ空漠ノ點ニ向テ拜禮ヲ行フコトヲ厭フニ由リ金ヲ以テ犢ヲ造リ之ヲ認メテ以テ神体ト仰ケリ今其望ム所ノ人類ノ國王ナル者モ

亦タ其臣下ノ敬禮ヲ受クルコ此金櫝ニ異ナラサランヲ欲セルナリ此時天主ハ猶太人ノ請願ヲ却ケ豫言者サモエルニ命シテ猶太人ノ事理ニ通セサル所以ヲ說キ併セテ王政ノ弊害ヲ諭サシメタリ其論旨ハ聖教王政編ニ見ユル所ナリ猶太人ハ天主ノ言ヲ聽カス更ニ其請願ヲシタリ是ニ於テ天主之ヲ懲サンカ爲ニサオルナル者ヲ擧テ其王トナシタリサオルナル者ハ天主ノ親定スル所ニシテ灌油ノ式ヲ行ヒシ者ハ天主ノ豫言者ナルヲ以テ實ニサオルヲ謂テ天主ノ代理者ナリトスルモ其當ヲ失セリトナスヘカラス豈ニ之ヲ以テ彼貴族ノ撰擧ニ因テ位ニ昇レル波蘭國王及戰士ノ推薦ニ因テ王位ニ即キタルクロギヨンメロヴヘート

同日ニ論スヘケンヤ然レモ此等ノ王ハ天主ノ親定ニ係ラサルヲ以テ正當ノ君主ニ非ストナスヘカラス天主ヨリ之ヲ見レハ王政共和政帝政一トシテ正當ナラサルハ無シ假令ヒ天主ハ唯一ノ政体ノミヲ贊成スル者ニシテ其他ハ皆ナ天道ニ悖戻スル者トスルモ王政篇ノ論旨ニ據テ考察スレハ天主ノ贊成スルモノハ決シテ立君政治ノミニ非サルナリ而シテ聖教ニ之ヲ天主ニ受ルニ非サレハ權アリトスルニ足ラス權ニ抗スルハ是レ天主ニ抗スルナリト謂ヘルハ天主ハ唯一ノ政体ノミヲ保護シ王政ノ外能ク天地ノ大經ニ合フモノ有ラストスルニ非ス人ノ生ルヽハ社會ヲ以テ目的トストノ原則ニ據レハ則チ天主ノ人ニ向テ社會ノ

秩序ヲ敬シ現立政府ヲ尊フノ義務ヲ負ハシムルヿ必セリ加之天主ハ一方ニ於テ斯ク臣民ニ教フルニ忠誠尊敬ヲ以テスルモ又他ノ一方ヲ顧ミレハ帝王ヲ誡メテ以テ謙讓恭謹ヲ守ラシメタリ聖經ニ所謂一切ノ權天主ヨリ來ラサルハナシ王者唯天佑ニ依テ一國ヲ宰制ストハ暗ニ帝王ノ無一物タルヿヲ示シ帝王ノ權ハ則チ天主ノ有スル所タルヿヲ謂フナリ然ラハ則チ帝王政治ト雖モ嘗テ他ノ政体ニ異ナルコトナク決シテ天主ノ創設スル所ニ非サルコトヲ知ルヘシ

夫ノ人民主權ノ說ニ至テハ荒唐無稽毫モ憑據ナキノ主義ニシテ之ヲ實際ニ試ミントスルモ其行ハルヘキヲ見ス

(純然此主義ニ據テ國ヲ建ル者未タ之アラス)之ヲ理論ニ考フレハ人性ニ戻ル所アリ夫レ人ノ生ル、ハ獨リ耳目支躰ヲ具フルノミニ非ス靈魂智識ヲ有シ自ラ禽獸蟲魚ト別ナル所アルヲ以テ天主ノ人間ニ貴賤上下ノ區別ヲ定ムルハ唯体力ノ强弱ノミヲ以テセス智愚賢不肖ニ因テ主治者被治者ノ境界ヲ分ツモノナリ是故ニ國土ノ如何ト政体ノ如何ヲ論セス上流者ヲ擧テ之ニ政治ヲ委ヌ而シテ群衆ノ小民ヲシテ一國ノ政機ニ參與セシメサルハ天下皆然リトス是レ豈ニ特ニ其占ムル所ノ位地卑クシテ且貧ナルカ爲メノミナランヤ蓋シ智識ニ優劣ノ差アルニ由ルナリ一國ノ立法者或ハ人民資産ノ多寡ヲ以テ其智識ヲ量ルノ標準トス

ル者是レ其故何ソヤ假令ヒ家ニ餘裕ノ財産アリトモ之カ爲ニ智識ニ優レルノ理アラサルカ如シ蓋シ家富ム者ハ必ス怜悧博識ナリト謂フニ非サルモ其智識ヲ得ルノ術ニ於テ缺ル所ナキナリ試ニ朝ニ星ヲ戴テ耕シ夕ニ月ヲ蹈ンテ歸ルノ農夫若クハ終日天秤ヲ肩シテ行ク々々市ニ販クノ賈人ヲ以テ之ヲ恒産富裕ノ人ニ比スレハ孰レカ智孰レカ愚孰レカ學識アリ孰レカ曚昧ナルカハ知者ヲ待タスシテ知ルヘキナリ是レ豈ニ他ノ原因アリテ然ルモノナランヤ農夫行商ハ其衣食ノ需用ヲ充サンカ爲ニ終日其身体ヲ苦シメ學ヲ勉メ智ヲ研クノ餘暇ニ乏シキニ由ルノミ然ラハ則チ立法者ハ或ハ之ヲ以テ賢愚識別ノ權衡トナスヿ豈ニ其理ナシ

トセンヤ

故ニ政体ヲ規定スルハ專ラ政法上ニ在リテ性法若クハ神法ノ與ル所ニ非サルヿ既ニ明カナリ而シ凡ソ政体ハ人民カ一國ノ全權ヲ掌握スル共和政治ヨリ帝王カ專斷ヲ以テ萬機ヲ總裁スルノ專制君治ニ至ルマテ其暴力ヲ以テ人民ヲ恐嚇スルニ非スシテ之ヲ自由ノ承諾ニ得ルモノハ皆正當トナサヽルコトヲ得ス故ニ人民主權ノ主義ヲ唱フル政治學者ハ未タ政府ノ目的ト其体裁トヲ區別シ得サルヨリ斯ク人性ニ戻リ社會ノ目的ニ反シ良智賢才ヲ擧テ多數人民ノ奴隸トナシ一國ノ政權ヲ以テ無智粗暴ノ小民等ノ恣横ニ任スルニ至ラントス豈ニ恐ルヘキニ非スヤ亞當以來

愚人天下ノ過半ヲ占ムトハカジミール、ドラヴイギユノ言ニシテ實ニ妙ナリト謂フ可シ又タ英國ノ卓識者言ヘルアリ曰ク若シ夫レ主治者ヲシテ常ニ多數人民ノ言ヲ聽カシメハ封建時代ノ先見者ハ其レ遺類ナカルヘシト

神教モ亦タ同等平權ノ義ヲ教ヘサルニ非スト雖モ其論理民權者流ト同日ノ論ニ非ス教徒ハ自遜ノ爲ニ同等主義ヲ躬行シ共和論者ハ驕慢ヲ以テ其主旨トス甲ハ世上ノ強大ナル者ヲ誡メテ己ヲ卑下ノ位地ニ置カシメ乙ハ弱小ナル者ヲ煽動シテ僭上犯長ノ念ヲ萌起セシム

主治者ノ政ヲ施スハ固ヨリ人民ノ福利ヲ目的トシ之ヲ誘テ開明ノ域ニ進ムルヿヲ以テ任トセサル可ラスト雖モ之

ヲ以テ人民ニ自治ノ權利アリトナスヘケンヤナポレオン言ヘルアリ曰ク百般ノ事業皆ナ民ノ爲ニ之ヲ爲スヘシ一事モ民爲ニ任ス可ラスト其言ノ活潑ナル今猶ホ凜トシテ其生氣アルヲ見ル夫レ一家ノ財產ヲ擧ケ土ヲ擔フノ賤夫ニ委子以テ其管理ニ任スル者ハ未タ之レ有ラス如何ンソ天主ニシテ此輩ニ委ヌルニ民ヲ治メ國ヲ理スル至重ノ大任ヲ以テセンヤ

往昔リキユルグニ迫リ共和政府ヲ統治スルノ權ヲ擧テ人民ニ委子ンヿヲ請ヘル者アリリキユルグ之ニ答ヘテ曰ク汝先ツ汝ノ家產ヲ擧ケ汝ノ奴隷ヲシテ之ヲ管理セシメヨト

是故ニ共和政治ニシテ偶々人民ノ需用ニ適スルコトアルモ是レ此政体モ亦タ立君政治ト同ク其時世ト其國勢トニ關シ止ムヲ得サル事情アルニ因テ立ツ者ニシテ決シテ人民主權ノ主義ニ基ク者ニ非ス試ニ目ヲ注テ形上形下ノ兩世界ヲ観察スレハ同等ナルモノハ一モ其裏ニ存在スルヲ見ス禽獸ニ强弱アリ人類ニ賢愚アリ森羅萬象皆ナ參差不同ナラサルハ莫シ獨リ同等ノ存スルハ則チ正理公道ノ一世界アルノミ造化自然ノ順序ニ至テハ決シテ其然ラサルヲ見ルナリ社會ハ一家ニ係リテ建ツモノナリ今一家ノ中ヲ察スレハ夫唱ヘ婦隨ヒ父命シ子從フ是レ天地ノ大道ニシテ何レノ處ニカ智力体力ノ差異ニ從テ貴賤上下ノ別ヲ立

デサル者アランヤ唯形上世界ノ形下世界ニ異ナル所ハ形上世界ニ於テハ他人ニ優レル者ト雖モ他人ヲ駕御スルノ權利アルヿナシ是レ其優レルハ單ニ体力ノ點ニノミ在テ存スレハナリ然レ𪜈形下世界ニ至テハ其然ラサルモノアリ

是故ニ同等平權ナルモノハ造化ノ自然ニ存スルニ非ス唯法律ニ對シテ各人皆ナ同等ノ權利ヲ有スルモノハ特ニ社會ノ憲法之ヲ爲セルノミ是レ天主其權ノ一部ヲ以テ帝王若クハ政府ニ授ケ正理ニ倚テ自ラ一國ニ君臨スル所以ナリ

斯ノ如ク人々皆ナ宗教、良心、傳說等ニ因テ現立ノ政府ヲ尊

敬セサル可ラサルコトヲ知ルヲ以テ自然ノ勢ヒ終ニ此相對ノ主義ヲ以テ絶對ノ原則トナシ人民皆ナ其戴ク所ノ政府ハ共和立君ニ論ナク一ニ之ヲ認メテ天主ノ所出ナリト思量スルニ至レリ

然ルニ世上過激ノ徒アリ一意ニ某政体ニ癖シ熱心以テ其主義ヲ貫カント欲シ百方力ヲ盡スニ汲々タリ抑此等ノ輩カ心裏果シテ如何ンソヤ彼道義宗教上ノ問題ノ如キハ來世ノ生活現世ノ禍福ニ影響ヲ及ホスヲ以テ其眞理ヲ發揚センカ爲メニ身命ヲ犧牲ニ供スルヿ或ハ理ナキニ非スト雖モ素ト約束上ニ成リテ時々變更スヘキノ制度ニ至テハ百般ノ事業皆ナ時日ト經驗トヲ待テ之ヲ行フヘキニ今却

テ事實ニ先ツテ偏ニ理論ニノミ趨ルハ其弊時世ノ進歩ニ後ルヽ者ト逕庭アルヲ見サルナリ

故ニ今日英佛ニ於テ取ル所ノ世襲主義ハ毫モ性法ニ戻ル所ナキナリ往々如何ナル政体カ最良ナル乎ヲ問フ者ナキニ非スト雖モ此問題タル前述ノ如ク對スル者ナシニ返答アルヘキニ非ス何トナレハ政体ハ時機ト立法者ノ目的トニ從テ變更スレハナリ其最モ能ク國民ニ適スルモノハ其國民ノ性質議論風俗ニ應シテ或ハ共和トナリ或ハ立君トナルヘシ假令ヒ至善至美ノ法律ヲ設定シ以テ其人民ヲ宰制スルモ若シ其國ノ習慣ニシテ之ヲ實行セサレハ猶ホ何ノ用ヲカナサンヤソロン氏言ヘルアリ曰ク吾ハアテーヌ

人ニ至善至美ノ法律ヲ施行セリトハ思ハス唯其人民ノ服スルニ足ルヘキノ最良法ヲ行ヒタリトソロン氏ノ如キハ實ニ能ク法律ノ何物タルコヲ知ル者ト謂フヘシ

若シ夫レ帝王ニシテ間然スヘキ所ナクンハ專制政治コソ最モ簡易ニシテ最良ノ政体ナリト謂ハサルコトヲ得ス若シ又人類ヲシテ皆聖賢タラシメハ區々政体ヲ論スルニ足ラサルヘシ然ルニ哀ヒ哉政權ノ運動ヲ障礙スル最大妨害物ハ人類ノ情欲ナリトス是レ制度ノ人類ニ適スルモノ乏キニ非ス人ノ制度ニ適スル者乏キニ由リ最美ノ法律ト雖モ適施ノ宜キヲ得ス反テ其美ヲ掩蔽シ人民ハ無用ノ抗抵ヲ試ミ政府ノ施行ヲ妨クル所以ナリ

近時ニ至テハ自由ノ消長ト人心ノ如何ニ係ルコ制度ヨリ較大ナルカ如シ故ニ英國ハ成文憲法ナシト雖モ世界最自由國タルヲ失ハス佛國ハ九十三年ノ共和憲法ヲ以テスト雖モ一モ自由ノ痕アルヲ見ス然ルニ第十八世紀ノ時ニ於テ性理ノ學世ニ行ハレシヲ以テ當時ノ人民ハナポレオン治世ノ日ニ比スレハ反テ其自由ヲ得タルヲ見ル夫レ一國革命亂ノ時ニ當リ人民タル者ハ其權理義務ヲ併セ之ヲ忘失シ其胸中ニ鬱積スルノ念ハ唯反對ノ敵黨ヲ碎破シテ餘類ヲ遺サヽラント欲スルノ熱心ノミシテ知ラス識ラス自ラ奴隷ノ境界ニ陷沒シ去ルニ至ル見スヤ近時自由論者ノ名ヲ博スル者ニシテ尚ホ且武斷裁判ト臨時法律トヲ欲望

スル者アルヲ然ラハ則チ彼ノポープガ「被治者ヲシテ能ク其所ヲ得セシムルヲ以テ最良政体トナスヘシ」ト言ヒタルハ其精ヲ得タリト謂フヘシ然リ而シテ人ノ性質ヲ變スルハ難ク國家ノ制度ヲ更ムルハ易シ是レ世人如何ナル政体カ最モ能ク社會ニ適スル乎ヲ研究スル所以ナリ

漠然トシテ政府ノ目的ヲ問ヘハ則チ人皆ナ其意見ヲ同クシ異論ノ起ルアルヲ見ス曰ク政治ノ目的ハ人民ヲシテ幸福ヲ得セシムルニ在リト更ニ進ンテ幸福トハ果シテ何物ソト問フニ至テハ其字義ノ解釋ニ關シ諸說紛々トシテ一定スルヿナク或ハ幸福トハ功名ノ義ナルヲ以テ政府ノ急務ハ國民ヲ擧ケ兵ト爲シ武威ヲ四外ニ輝カシ專ラ國權ヲ

張ルニ在リト爲シ或ハ制度法律ニ依テ人民ヲシテ諸般ノ愉快安樂ヲ得セシムルヲ以テ幸福ノ義ナリトシ專ラ外形ニ屬スル利益ノミヲ發達擴張セント欲ス而シテ近世社會ノ過半ハ此說ノ充塞スル所トナレリ或ハ往昔ノ立法家ニ擬シテ幸福ハ即チ自由ニ在ルヲ以テ闔國民主政ニ從フニ非サレハ幸福ヲ得ルノ途ナシトナス而シテ眞正ノ主義ヲ執ル者ハ幸福ノ在ル所即チ道義ナリトス斯ク幸福ノ字ニ關シ諸家ノ見ル所一定セサルカ爲ニ政學中一ハ同等平權ヲ以テ單一主義トシ專ラ共和政体ニ僻シ一ハ較々温柔ニシテ体裁ニ拘泥センヨリ寧ロ實際如何ヲ顧ミ最良ノ政体ハ人智ヲ增シ人心ヲ正クシ地球上最大ノ幸福ヲ享有スルニ

在リトス然ルニ人智ヲ增シ人心ヲ正クシ人ヲシテ最大幸福ヲ享有セシメント欲セハ制度ヲ設ケ法律ヲ定メ平權同等ヲ行フノミニテハ未タ其目的ヲ達セリトスルニ足ラス必スヤ君臣ノ義上下ノ分ヲ立テ人民ヲシテ各其職ニ從事セシメサル可カラス抑分業ノ法タル啻ニ工業ヲシテ精良ナラシムルニ必要ナルノミナラス文學技藝ニ至テ亦タ大ニ其然ルモノアルヲ見ルヘシ古昔ノ共和政治ハ奴隷制度ニ依テ之ヲ維持スルヲ得タリキ蓋シ如何ナル社會ト雖ヒ皆之ニ異ナラサルナリ必スヤ國民若干ハ賤業ニ從事シ之ニ由テ智識ニ關スル事務ニ服スル者ヲシテ形体上ノ需用ニ勞セスシテ專ラ其務ニ從事スルノ餘暇アラシメサルハ

有ラス然ラハ則チ此點ニ關シ最要ナルハ唯才器ノ士ヲシテ自在ニ其驥足ヲ展ヘシムルニ在ルノミ

又國ニ屢々變亂アルハ人民ノ幸福安寧ヲ害スルノミナラス又國ノ存亡ニ係ルカ故ニ最先ノ急務ハ禍亂ヲ未發ニ制スルニ在リ然ルニ流血漂屍ノ慘亂ハ其原因常ニ逸鹿ヲ中原ニ逐フノ爭ニ基セスンハアラス マキアヴエル氏ハ此事情ニ熟達スルノ人ナリ其言ニ曰ク國家ノ内亂ハ共和政体ト附帶シテ相離レサルナリト

凡ソ政体ハ皆各其固有ノ性質ヲ備フルモノニシテ民主政ノ國ハ常ニ變動ノ絶エサル即是ナリ此國体ニ於テ人心ノ變換、輿論ノ反覆ハ毎ニ迅速ニシテ恰モ響ノ聲ニ應スルカ

如ク國是、制度、法律一トシテ舊体ヲ存セス在上ノ政權ハ人ヲ制スルニ非スシテ反テ人ノ制スル所ト爲リ國民ノ精神ハ常ニ抗上犯長ノ行爲ニ傾キ多少其政府ヲ厭忌シ其從フハ止ムヲ得サルニ出テ決シテ心服スルニ非ス平生政府ノ隙ニ乘シ罵詈百出以テ自ヲ快シトス此レ民主政ノ本体ナリ世人カ往々民主政ヲ舍テ世襲帝王政治ヲ取ルヿ職トシテ此理ニ由ル夫レ世襲政治ニ至テハ國王ハ人心動搖議論沸騰ノ中央ニ坐シテ自若トシテ動カス政略ノ永久ナル利益ヲ表明スルヲ以テ其職ト爲スナリ且ツ憲法ニ確固不拔ノ元素ヲ存シ國民過激ニ失スルノ擧動アレハ躬ヲ以テ之ニ當リ赤手ヲ以テ狂瀾ヲ將ニ倒レントスルニ迴ス者王ヲ

措イテ其レ誰カ之アラン乎

然ラハ則チ政治學者ノ世襲主義ヲ主張スルハ其意專ラ他ノ撰擧政法ヨリ生出スル變亂若クハ王位傳承ノ際ニ當テ起ル所ノ紛議ヲ防カント欲スルニ在テ徒ニ帝王一家ノ利益ヲ圖ルニ非サルナリ

共和政体ノ最上位ハ大志ヲ抱キ功名ヲ慕フノ輩カ熱望スル所ニシテ志大ニシテ才衆群ニ絶シ常ニ天下ノ亂ヲ思ヒ既ニ其身ヲ覊絆スルノ軸アリト雖モ其周圍ニ迴旋シテ其分ニ安ンスルヿヲ知ラス其精神ニ至テハサムソンニ似サルモ其行事ノミ之ニ類シ己レカ才智卓量ヲ顯ハサスシテ徒ニ窮死センヨリハ寧ロ大廈ヲ覆ヘシテ其壓殺スル所ト

爲ルノ愈レルニ若カストナスモノヽ認メテ以テ既約ノ褒賞ナリトスル所ナリ且夫レ英雄豪傑ノ士ハ國家ノ之ヲ待スル優渥ヲ極ムルモ常ニ尚ホ饜足セサルノ思ヲ爲スヲ以テ國家ハ其簒奪ノ擧アランコヲ危ミ災害ヲ未發ニ制センカ爲ニ止ムヲ得ス此輩ヲ國外ニ追放シテ以テ纔ニ其國家ヲ保全シ其國ノ政權ハ凡庸碌々ノ輩ヲシテ之ヲ握ラシムルニ至ル是レ才智アルノ士一タヒ政權ヲ掌握スル時ハ百方陰謀ヲ運ラシテ以テ永久ニ其勢力權威ヲ保持セント企ルニ由ルセザル、ナポレオンノ輩即是ナリ故ヲ以テ共和政体ト雖モ世人カ喋々スル如ク必スシモ器量卓絶ノ士ヲ擧ケテ之ニ政權ヲ委ネス却テ之ヲ虐待シ之ヲシテ其饜足ヲ

展ルコトヲ得セシメサルナリ而シテ其輩カ國家ノ政權ヲ熱望シテ以テ百方其志ヲ達セント欲スルハ徒ニ其心志ヲ勞スルノミニシテ決シテ其効アルニ非ス却テ國人ノ嫉惡スル所トナリ罌粟ノ拔出ヲ折リタルタルケンノ枝ニ非サルモ政治ノ平均ニ因テ他ノ挫ク所トナリテ止ムニ至ル是レ小者ヲ長スルヨリ寧ロ大者ヲ減殺スルノ容易ナルニ如カザルニ由ルノミ

又世人カ稱シテ以テ自由主義ナリト爲ス所ノ此政体ニ在テハ諂佞阿諛ニ巧ミニシテ機智黠才ニ富メル凡庸碌々ノ輩ハ却テ清廉潔白ノ心術ヲ具フル眞正ノ英雄豪傑ニ優リテ世人ノ用フル所トナリ其志ヲ得ルニ至ル抑無制限權力

ハ往々暴慢放恣ニ流レ易キモノナルニ權力ト實力トヲ擧テ一人ノ手ニ委ヌルハ豈ニ恐ル可キノ甚キニ非スヤ彼立憲政体ノ帝王ノ如キハ其權力ノ依テ以テ立ツヿヲ得ル所ノ輿論公議ヲ徹セサル可ラスト雖モ人民カ一國ノ主權者タルニ及ンテハ天下能ク其行事ヲ防制スル者ナキカ故ニ其行フ所常ニ自ラ正理公道ニ適ヘリト爲シ壓抑苛制至ラサル所ナキニ至ルナリ

是ニ由テ之ヲ觀レハ世人カ自由ノ極點トシテ喋々稱贊シテ止マサルノ民主政治ハ却テ壓制ノ最極度ト謂ハサルコトヲ得ス何トナレハ一人ノ壓制ハ如何ニ酷烈ヲ極ムルモ尚ホ之ヲ抑制スルノ道ナキニ非ス民衆ノ壓制ニ至テハ之

ヲ防クノ術ヲ知ルヿ亦容易ナラサルナリ加之民主權ノ主義タル人民若クハ其代理者タル政府ニ許シ其意ヲ以テ恣ニ國家ノ宗教ヲ變更スル。ヿヲ得セシムルモノナレハ則チ之ヲ目シテ無宗教主義ヲ含蓄スルモノト謂フ可シ

共和國ニハ常ニ徒黨ナル者アリテ互ニ頡頏軋轢シテ止ム時ナク各黨ハ互ニ無智ノ人民ヲ籠絡シ以テ其機械ト爲ントス然ルニ此等ノ人民ハ國家重大ノ事件ニ就テ之カ是非得失ノ判斷ヲ下スヘキ智識ナキモ其政事ニ熱心ナルハ極メテ盛ナルカ故ニ理財若クハ相續等ノ問題ヲ以テ直ニ自由ノ伸縮ニ關スル一大事件ナリトスルノ例ハ古來尠シトセス是ヲ以テ巴里ノ人民ハ自ラ主權ヲ握ルヿ僅少ノ時日

ニ過キサリシモ暴亂ヲ以テ大ニ其名ヲ擅セリ八月十日ノ暴動九月ノ鏖殺等ハ皆ナ巴里人民カ認メテ以テ正理公道ト爲ス所ナリ若シ此人民ヲシテ其政柄ヲ握ラシメハ今日ニ至テ尚ホ依然トシテ此ノ如クナルヲ見ルヤ必セリ凡ソ共和政体ノ權力ハ自ラ其府都ニ集ルモノナルヲ以テ佛國ニ於テ共和政治ヲ行フハ全國ノ權力ヲ巴里ニ集メ以テ其賤民ヲ利スルモノト謂フヘシ

或ル國ニ於テハ共和政治ノ弊害ヲ避ルカ爲ニ撰擧帝王政治ヲ行ヘリ此政治ハ理論上ニ於テハ至美ナルカ如シト雖モ政体ノ惡劣ナルハ之ニ過ルモノナシ其國君撰擧ノ時ニ當テ陰奸暴虐ノ行ハルヽハ共和政体ヨリモ更ニ甚シトス

王位ヲ希望スル者ハ務メテ豫メ人心ヲ收攬シ以テ他日其志ヲ達スルノ階梯ト爲ント欲スルニ由リ國中ニ數多ノ黨派ヲ生シ互ニ狼顧虎視スルノ狀ハ共和政体ノ國況ニ異ナルヿナシ加之共和政治ニ在テハ多少最上權ヲ熱望スル者ノ情慾ヲ抑制スルノ術ナキニアラスト雖モ撰擧帝王政治ニ至テハ却テ之ヲ煽動シ以テ其勢焰ヲシテ益々熾盛ナラシム又此國体ニ在テハ撰擧ハ國家ノ最大危難ト謂フヘシ若シ不幸ニシテ外國ト干戈ヲ交フルノ際ニ當テ王位ニ更迭アラハ其國ノ滅亡立トコロニ至ルヘシ

世襲帝王政治ニ在テハ王位ノ授受ニ際シ人民ハ之ニ關渉セス從テ國中ニ風波ノ起ルヲ見ス特ニ千億万歲連綿世襲

スルハミナラス帝王自家ノ禍福ハ一國ノ盛衰ト相密着スルカ故ニ帝王ノ其國ノ爲ニ力ヲ效スハ畢竟其家ノ福利ヲ圖ルニ異ナラス王者果シテ其家ノ福利ヲ圖ルハ心ヲ以テ其國ニ臨御セハ其人民ノ幸福ハ如何ソヤ又人民ニ在テモ奕世其國ニ君臨シ德澤國中ニ周洽セル王家ニ對シ忠誠ヲ勵ムハ其心ニ於テ自ラ快シトスル所ニシテ止ムヲ得スシテ從フノ類ニ非ス故ニ人ノ平常其上位者ヲ嫉ムノ念ハ變シテ敬愛ノ情ト爲リ權門豪族ト雖モ累葉主君トシテ仰事スル所ノ者ニ服從スルハ其屈辱トナサヽルナリ然ラハ則チ嫉妬ヲ抑ヘ非望ヲ制スルノ良計ハ世襲政事ニ在ラスシテ何ソヤ

一國ノ人民ハ世襲主義ニ因テ内亂及ヒ最モ慘酷ナル無政府ノ域ニ陷ラサルコトヲ得且ツ一朝幼君暗主ノ位ヲ踐ムアリ𪜈尚ホ廣大ナル利益ニ依テ以テ其鈌ヲ償フヘシ我佛國ニ於テハ王崩殂シテ其遺骸ヲサンドニーノ坑ニ瘞ムルヤ其凶訃ヲ傳フルノ聲ハ即チ其世嗣トシテ祚ヲ踐ミタマヘル太子ノ万歳ヲ祝スルノ聲ニシテ國家一日モ玉座ノ空位ナルヿナシ是ヲ以テ國中王位ヲ爭フノ軋轢ヲ見ス政黨ノ競爭ハ終ニ内閣ノ更迭ニ止リテ王位ニ及ハス故ニ其國家ニ影響ヲ及ホスモ亦タ甚タ大ナルニ至ラス彼ノ共和國ニ於ケルカ如ク互ニ搏噬攫奪スルノ徒黨ハ之ヲ生セサルナリ

且ツ世襲主義ノ最大利益ハ蓋シ之ヲ百般ノ政体ニ適用スルヲ得ヘキニ在リ其左右輔弼ヨリ百官僚屬ノ組織ニ從テ專制君治トナルヘク或ハ世襲大統領ノ共和政治トナルヘク或ハ英國ノ貴顯政体ニ用フ可ク或ハ方今我佛國ニ充溢スル民主政治ノ精神ニモ適スルヲ得ヘシ吾人カ生息スル動搖時世ニ在テハ一定不朽ノ規則ヲ設ケ以テ世人ヲ覊束スル能ハサルヲ以テ漸次社會ノ制度ヲ改良シテ以テ開進ヲ計ラサル可ラス然ルニ變亂ニ由ラスシテ開進ヲ計ラント欲セハ世襲帝王ト民撰議會トヲ並有スルノ政体ニ依ラサル可ラス此政体ニ依ルトキハ唯宰相ノ更迭ノミヲ以テ政治ノ改革ヲ行フコトヲ得ヘキナリ

明治十五年十一月廿一日出版版權屆

全部二十冊ノ内第一冊發兌
以下毎月二冊宛出版

毎冊定價金拾七錢五厘

御用印行所　東京京橋區八官町十九番地　忠愛社

賣弘
同芝區三島町　山中市兵衛
同京橋區南傳馬町二丁目　穴山篤太郎
同日本橋區通三丁目　丸屋善七
同日本橋區本町三丁目　原亮三郎

書肆

同神田區雉子町　巖々堂
同神田區小川町六十二番地　西村兒一
西京寺町　福井孝太郎
大坂南區二ッ井戸町　藤原熊太郎
尾張名古屋　永樂屋東四郎
箱館地藏町　修文堂
新潟竹川町　京文社

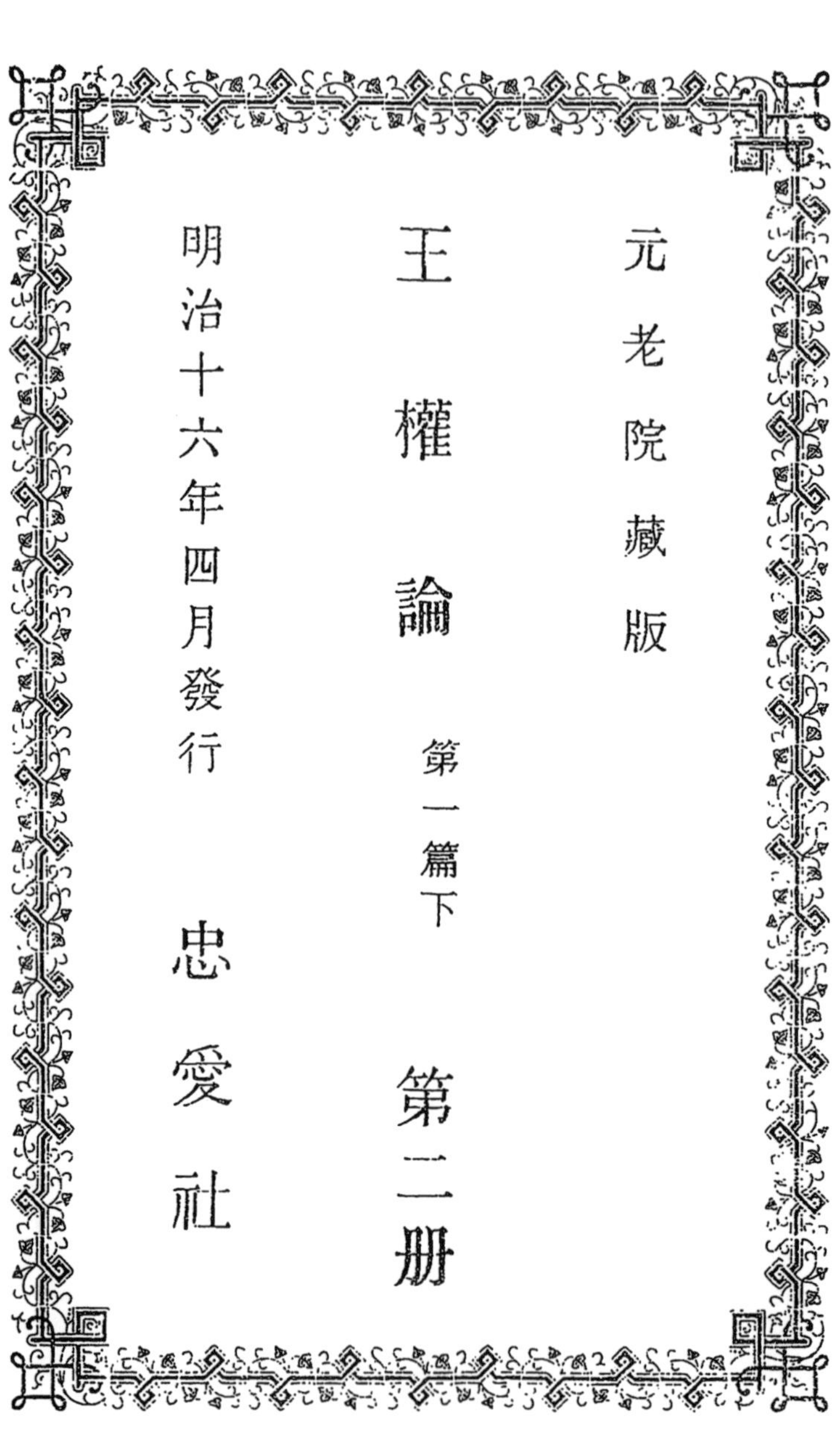

元老院藏版

王權論

第一篇下

第二册

明治十六年四月發行

忠愛社

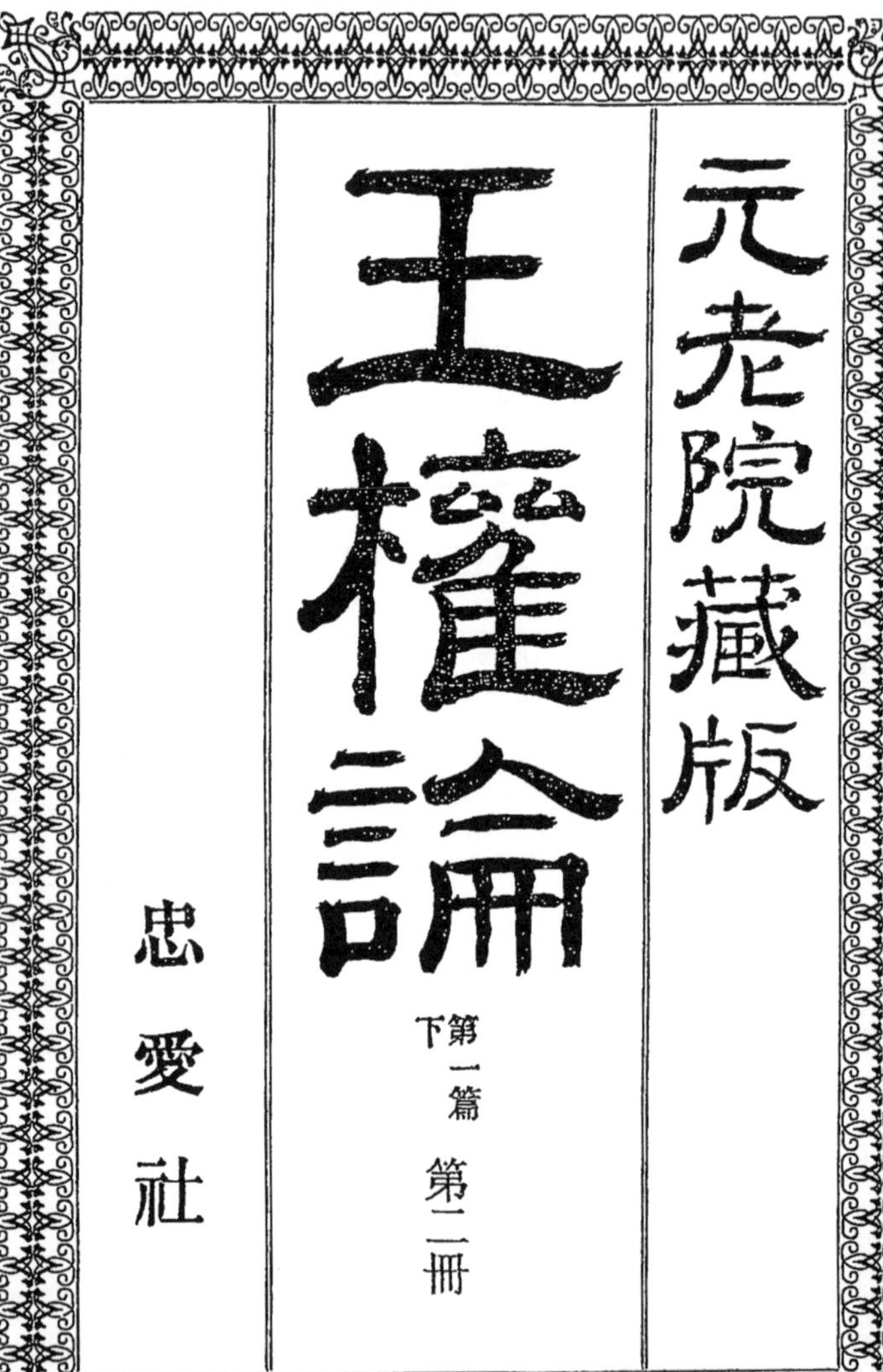

元老院藏版

王權論

第一篇下　第二冊

忠愛社

王權論卷二

目次

王權論卷二

佛國　ロリユー　著
日本　丸毛直利　譯

第三章　龍體ノ侵ス可ラサルヿヲ論ス

憲法第十二條ニ曰ク王ノ身ハ神聖ニシテ侵ス可ラス

第一欵

古今萬國ヲ通觀スルニ人民タルモノヽ尊上敬官ノ精神ヲ具フルハ固ヨリ其天賦ノ性ニシテ人間社會ノ秩序紊亂スルヿナキ所以ノモノハ則チ此精神アリテ常ニ他ノ剛愎不

遜抗上犯官ノ氣象ヲ抑制スルニ由レリ蓋シ人類ハ社會ヲ組織シテ其生活ヲ營ムヘキ者ナレハ漫リニ其獨立自由ヲ負ミ之ニ熱中シテ政府ヲ顚覆シ國家ノ紀綱ヲ攪亂スルカ如キ擧動アル可ラス是ヲ以テ天此精神ヲ人ニ賦與シ以テ社會ノ秩序ヲ維持スルモノヽ如シ

然リ而シテ此精神ト彼ノ氣象ト兩質相容レサルハ氷炭啻ナラス其軋轢ハ未タ曾テ息ムコトアラサルナリ尊上ノ精神社會ノ氣運ヲ制スルニ當テハ其國風必ス立君政治ニ傾キ犯官ノ氣象人民ノ性情ヲ御スルニ當テハ其國勢必ス民主政治ニ趨ク一勝一敗未タ曾テ政體上ニ影響セスンハアラス而シテ其軋轢ノ甚シキニ至テハ兩質ノ恰モ電氣消積ノ

兩極ニ於ルカ如ク各其極端ニ偏向シテ底止スルコトナク一方ハ暴進シテ秩序ヲ顧ミス即チ千七百九十三年ノ同等平權ノ説ニ狂セル者ノ類ナリ一方ハ從順ニシテ氣力ナク唯命是レ從フノ徒トナル一國ノ人民或ハ政略ノ籠絡スル所トナリ或ハ俗説ニ惑溺シテ其帝王ハ神種ナリ其君權ハ神授ナリト認ル者ノ如キ其例實ニ尠カラス夫ノ新世界ノ白露國人ガ其君ヲ目シテ太陽ノ子ナリトシ「ナッチユ」人ガ其族長ノ死ニ殉シテ未來永劫ノ冥福ヲ得タルモノトシ又ハ羅馬帝ガ「ヂウイ」ノ稱ヲ冒シテ神威ヲ僭越シ回々教徒ノ「朱丹」ノ土耳其帝ヲ目シテ聖人ノ相續人ナリトスルカ如キ皆此類ナリ此ノ如ク君主ヲ尊敬スルノ甚シキ終ニ之ヲ神トシ

之ヲ天トスルニ至ルハ概シテ專制政治ノ國ニ多シ是レ蓋シ此ノ如キ國ニ在テハ其人民刑罰ノ峻酷ナルト君權ノ强盛ナルトニ畏縮シテ戰々競々唯命是レ違ハンコトヲ懼ル、ニ原スルモノナルヘシ

佛國ニ於テハ君權ヲ抑制スルノ制度法律未タ成ラサル日ト雖モ尙ホ世ニ公議輿論ナルモノアリテ其濫用ヲ許サヽリシ且帝王政體ノ此國ニ起リシハ基督教入國ノ後ナルナ以テ帝王ヲ神視スルノ主義ハ全ク人心中ニ跡ヲ絕チタルニ依リ王權ニ關スル人民ノ思想ハ常ニ温和中正ナリキ然レモ之カ爲メ幾許カ宗教ノ臭氣アルヲ免レズ蓋シ佛國ニ於テハ世人ノ曾テ知悉セサル種々ノ事由アリテ國人君主

ニ對スル忠義心ヲ鼓舞獎勵シ以テ勤王ノ志氣ヲ振起セリト雖モ世人ハ唯佛國人ノ忠義心アルヲ知テ未タ其原因ヲ探究スルヿヲ知ラサルナリ

今日ニ至テハ世人往々佛國帝王政治ノ他ニ異ナル所アルノ理ヲ認メサルナリ抑モ佛國帝王政治ノ根基ハ羅馬教ニシテ歲月ノ久シキモ終始一ノ如ク近時猶ホ之ト混合セリ凡テ政府タル者ハ必ス其由テ起ル所ノ形跡ヲ永存スルモノニシテ古昔羅馬創業ノ帝王ハ兵士ノ勸請ニ因テ即位シタルカ故ニ近衛ノ兵士等ハ數百年間曾テ此事蹟ヲ遺忘セサルナリ佛國ニ於テモ加特基教（カトリツク）ヲ信奉スルノ徒ハ今ニ至リ尚ホ佛國創業ノ王ハ法王ノ長子トモ謂フヘキ者ナリシ

ヿヲ其心ニ記臆セリ此ノ如キ思想ノ深ク人心ニ入ルモノハ如何ナル英雄豪傑ト雖モ勢ヒ其籠絡スル所ト爲リ決シテ之ニ抵抗スル能ハサルガ如シ夫ノ拿破崙帝即位ニ當リ其將ニ掌握セントスル所ノ權力ヲシテ正確ナラシメン爲メ法王ノ手ツカラ加冠セラレンヿヲ希望セシヲ以テ之ヲ見ルヘシ

蓋シ佛國憲法ハ未タ英國ノ制ノ如ク君主ガ其臣民ヲ支配スルノ權ヲ有スルハ專ラ某宗教ニ依ルヿトヲ明言セスト雖モ佛國ニ於テ法律ニ超駕スルノ勢力ヲ有スルモノハ公議輿論ニシテ此公議輿論ハ特ニ國民ノ思想ヲ表出スルモノナリ而シテ十四世紀以來ノ佛國帝王ハ一トシテ羅馬教

ノ保庇ヲ仰キ以テ其權威ヲ保タサルハナク且其王統ノ更替アルヤ毎ニ法王ノ教唆若クハ批准ニ出テサルハ莫シ故ニ各國ノ人民果シテ皆其固有ノ思想アリトセハ佛國人民固有ノ思想ハ羅馬教ニ在リト謂フモ敢テ誣言ニ非ラサルガ如シ

羅馬帝國ノ衰頽スルヤ「バルバール」人ハ其最美ノ地方ヲ略有シ併セテ基督(キリスト)教ノ都府タル羅馬ヲモ奪掠スルニ至レリ此時ニ當テ彼蒼タル者ハ基督教保護ノ任ヲ以テ佛國ニ委予タリ

クロヴイスハ「ナンテール」ニ一個ノ忠烈婦人アルニ由テ巴里ノ城壁ニ近ヅクヲ得サルヿ十年間ナリ此間又其兵ノ基

督教ニ歸依スル者少ナカラサルヲ見テ竟ニ羅馬教ト利害ヲ共ニスルノ必要ナルヲ覺リ且ツ羅馬教徒タル公女ヲ娶リ「トルビアリ」ノ戰ニ於テ其歸依神ノ名號ヲ唱ヘテ勝利ヲ得タルカ故ニ一朝從來ノ迷霧ヲ開キ「レインス」ニ於テサン、ルミーノ手ヲ以テ洗禮ヲ受クルニ至レリ大聖サン、ルミーハ佛國王ヲシテ永ク正教ト貧人トノ保護者タラシメンカ爲ニ洗禮ヲ行ヒ以テクロヴイスノ即位ヲ確定シ佛國ハ必ス正教ニ依ランコヲ祈請セシニ果シテ之ニ感應アリシカ如ク爾來佛國ハ獨リ常ニ正教ノ帝王ヲ戴キ未タ曾テ邪教徒ノ永ク王位ニ在ルコヲ見サルナリ

歷史家傳フル所ノ口碑ニ據レハクロヴイスノ洗禮ヲ受ケ

ントスルニ當テヤ鳩ノ空中ヨリ膏油ヲ齎シ下ルアリト云フ天ノクロヴイスニ此光榮ヲ與フルハ果シテ如何ナル感覺ヲ人民ニ與ヘタルヤ必スヤクロヴイスヲ以テ天ノ命ニ則リ國家ニ君臨スル者トナシタルヘシ此ノ如キ妄誕無稽ノ俗說ハ固ヨリ信スルニ足ラスト雖モ第十九世紀ノ今日ニ於テモ尙ホ査理（チャーレス）第十世ノ爲ニ神靈ヲ唱ヘ天助ヲ說ク所ノ論者ハ革命爭亂ノ久シキヲ經タル今日不思議ニモ膏油壷ノ保存スルアリテ現ニ之ヲ發見シ得タリト唱ヘ以テ聖禮ノ聲價ヲ增サンヿヲ勤ムルヲ見レハ未開ナル往昔ニ在テ此等ノ說ヲ傳フルカ如キハ敢テ怪シムニ足ラサル乎然ルニクロヴイスノ子孫ニ及ンテハサン、ルミーノ教法ニ

背キ其豫定ノ道ヲ履ムヲ欲セス是ニ於テ彼蒼タル者又他ノ王統ヲ下シ以テ佛國ヲ統治セシメタリ此時ニ當テ佛國ノ形勢ハ既ニ羅馬ニ於テ久シク行レタル撰擧王政ニ傾キ若シ法王其國政ニ干渉シペパンヨリシテ其子孫ニ相傳スル權利ヲ拒ム者ハ何人タリ𪜈破門ノ嚴令ヲ下スヘシト威壓スルニ非ラサレハ到底新ニ世襲政治ヲ起シ他ノ王統ヲシテ永久連綿タラシムルヿ能ハサルニ及ヘリ

ペパンハ七百五十二年ニ於テ王位ニ撰擧セラレ「マイエンス」ノ僧正ボニフハースヨリ塗油ノ式ヲ蒙リ其後三年ヲ經テ再ヒ其兩子カル、カルロマン等ト共ニ巴里ニ於テ聖禮式ヲ受ク此時法王ヱチヱンヌハ曰ク「是レ天主ノ親ラ塗油

ノ式ヲ行ヒ給ヘルナリ何人モ之ニ觸ルヽヿヲ許サス」ト是ヨリ以後佛國ノ王位ハ天佑ニ因テ保有セラルヽモノト稱スルニ至レリ

ペパンハ法王ノ聖禮式ヲ受ケシヨリ其身ハ王及ヒ正教會員ノ兩資格ヲ具ヘタズレーノ所謂王國僧正トナル是ニ於テペパンノ身ハ神聖ノ列ニ加ハリ若シ之ヲ殺ス者アレハ必ス破門ノ罰ヲ免レス且人民ハ正教會及ヒ軍陣ニ於テ均シク之ヲ君主ト奉認スヘキコトナレリ爾來國王塗油ノ式ハ神聖ノ質ヲ賦與スル禮式ノ如クナリテ苟モ一タヒ之ヲ行ヘハ人民ハ國王ヲ視ル天神ノ如ク惟其命ニ服從セサルヲ得サルコト爲ルニ至レリ

以上陳述スルカ如ク佛國ハ最初正教會ヨリ創業ノ王統ヲ受ケタリシガ其第二ノ王統モ亦然リ是ニ反シテユーグ、カッペーニ至リ其撰擧ハ僧侶ヨリハ寧ロ諸侯伯ノ衆望ニ由テ決シタレドモ「ノアイヨン」ノ會議ニ於テ其踐祚ヲ決定セラルヽヤ直ニ「レームス」ニ於テ聖禮式ヲ受ケ以テ其位ヲ固フスルノ策ヲ定メ又其在位ノ間ハ造次顛沛モ怠ル所ナク只管ラ正教會ニ依リテ其權ヲ鞏固ニスルヿヲ勉メタリキ是レ當時王位ヲ保維スルノ基礎ハ獨リ正教會ニアリシカ故ナリ

然レドモ當時臣民ハ勤王ヲ誓ヒ服從ヲ約スルヤ即ナ一種特別ノ性質ヲ帶ヒ宗教ノ思想ヨリハ寧ロ世俗ノ思想ヲ存セ

リ當時歐州諸國ハ凡テ封建政治ノ制體ヲ成シ上下相須ツノ關係ヲ生シ臣子タル者ハ君臣ノ義ニ因リ往々君主ノ爲ニ其財産生命ヲ犧牲ニ供セサルヲ得サルノ時代ナリキ故ニ敵愾義烈ノ氣象大ニ振ヒ獨立ノ民ト雖モ自ラ其自由ヲ放擲シ甘ンシテ諸侯ノ麾下ニ立ンコトヲ慕フノ勢ヲ致シ天下紊亂群雄國中ニ割據シテ互ニ狼眈虎視シ正理公道ノ如キハ全ク跡ヲ社會ニ絕チ專ラ強盛ノ武力ヲ有スル者跋扈セルヲ以テ臣子タル者ハ其生命財産ヲ保護スル所ノ君主ヲ尊敬愛慕スルハ實ニ自然ノ情勢ナリ而シテ此尊王ノ情漸ク變進シ遂ニ君主ヲ神尊スルニ至リシハ敢テ怪シムニ足ラサルナリ

此ノ如ク君臣相互ノ需要ヨリシテ自然ニ尊王忠愛ノ念ヲ生セシメタルモノニシテ此念ハ純粋ナル愛國心ニ出ルニアラス畢竟君ニ忠スルノ情ニ發スルニ外ナラス蓋シ當時ノ王ハ諸侯ノ上ニ立チ實ニ普天ノ下、其土ニ非サルハナク率土ノ濱、其臣ニ非サルハナキヲ以テ其國中ニ生活スルモノハ皆ナ王ニ對シテ忠誠ヲ抽テ順從ヲ專ラトシ陪臣ハ其國ノ諸侯ニ忠誠ヲ誓ヒ平時ニ在テハ勤勉以テ事ニ從ヒ戰陣ニ臨ンテハ勇武以テ戰功ヲ勵ミ只管ラ義ヲ以テ從屬スルノ慣習ヲ性トシタルカ故ニ其侯伯ニ對スル尊敬ノ念ハ以テ之ヲ國王ニ移シ忠愛以テ之ニ奉スルヿ愈々厚シ是ニ於テ卓落不羈ノ士ト雖モ其忠義心ノ刺衝スル所トナリ甘

シテ身ヲ以テ國君ノ使役ニ供シ敢テ怨懟ノ念ヲ懷カス未タ警咳ヲ接セズ且ツ其性稟毫モ敬慕スルニ足ラサル者ニ對スルモ至誠ヲ效シテ怠ラサルナリ夫レ忠義ノ行爲タル道義上ヨリ之ヲ論スレハ其高尙ナルヿ敢テ愛國心ニ劣ルモノニアラス其之ヲ盡ス所ノ目的ハ他ニ比シテ少シク貴重ナラサルカ如シト雖モ身ヲ殺シテ仁ヲ爲シ生ヲ捨テヽ義ヲ取ルノ一事ニ至テハ彼是相伯仲スト謂フモ敢テ過言ニ非ラサルナリ

又一方ヲ顧ミレハ當時、所有權ノ思想ハ漸ク勢力ヲ社會ニ得テ諸侯ハ其所領ノ土地ヲ世襲シ僧領、勳爵、官位、地方政、ノ如キモ皆一私人ノ財產ノ如ク父之ヲ其子ニ傳フルヲ得ル

ニ至レリ社會ノ制度此ノ如クナルヲ以テ一國ヲ統治スルノ王權ト雖モ亦タ自ラ一家私有物ノ體ヲナシ夫ノ侯伯ノ胄子ニシテ領地ヲ其父ヨリ繼承スルト同シク王ノ太子タル者ハ必ス寶位ヲ其父王ニ繼嗣スルコトナレリ是ニ於テ王位ノ相續ニ關スル爭議ハ盛ニ國中ニ起リ久ク其跡ヲ絕タス王位ヲ望ム者ハ恰モ士民ノ財產ヲ爭フト一般各々辭柄ヲ設ケ以テ逸鹿ヲ獲ンコヲ圖レリ其後昊天ハ確乎タル靈驗ヲ顯ハシテ特ニ佛國王ヲ佑ケ其臣民等ヲシテ忠ヲ君主ニ効スノ至誠ハ以テ神助ヲ得ルモノナリトノ感覺ヲ起サシメリ査理（シヤーンス）第七世ノ時ニ當リ佛國ハ英ノ侵掠ヲ蒙リ敵兵既ニ國土ノ大半ヲ略シ王ハ國都ヲ退去シ其殘兵ト共ニ

「ロアール」河岸ニ播遷シ甘ンシテ敵ノ授與セル「ブールジユ」小王ノ封號ヲ受ケタル時俄然不思議ナル一事件ヲ生シ王ヲシテ再ヒ民心ヲ收攬スルヲ得セシメタリ茲ニジヤンヌダルクト名クル稟性軟弱ナル一少女アリ此少女常ニ佛國創業ノ帝王ハ正教會ノ愛子ナルコヲ信シ今危急ノ秋ニ際シ忽然トシテ興リ群衆ヲ鼓舞シ軍隊ヲ組成シ以テ英軍ニ當ルヤ其信心ノ熱中ナル向フ所前ナク終ニ英兵ヲ却ケ佛國ノ天日ヲ既墜ニ挽回シ英兵略取スル所ノモノハ僅ニ「カレース」ノ一市ヲ除キ餘ハ皆復タ佛ニ復シタレハ是ニ由テ神權ノ説復タ威力ヲ社會ニ得ルニ及ヘリ

當時羅馬律大ニ世ニ行ハルヽヲ以テ第十四及ヒ第十五世

紀ノ法學者ハ深ク其說ヲ信シ之ニ據テ盛ニ專制政治默從主義ヲ唱揚シ諸侯伯ノ特權ノ如キハ之ヲ斥ソケ王權ヲ妨碍スル者トセリ此ノ如キ說ヲ主張スルモノ獨リ法學者ノミナラス僧侶等ニ至ツテモ亦侯伯ノ壓抑苛制ニ苦ミ救ヲ王ニ請フノ狀勢ナレハ成文法及ヒ神法ノ如キ皆共ニ封建政治ニ反對スルノ意旨ヲ表出シ佛國ノ法學者ハ屢々王ニ皇帝ノ尊稱ヲ奉シ凡ソ王ニ抵抗スルノ行事ハ一切神威ヲ瀆スモノトセリ

然レ𪜈幾モナク過激ナル一ノ反動ヲ發生セリ即チ剛愎不遜ニシテ權ヲ畏レス長ヲ敬セス單ニ道理ヲ以テ品行ノ規範トナスノ新主義是レナリ之ニ依テ法王ハ從來ノ權威ヲ

失ヒ宗教權並ニ王權ノ性質及ヒ其區域ニ關シ人民ノ思想ニ一大變革ヲ提起シ遂ニ新教起テ法王ノ特權ヲ打破シ去ルニ至レリ是ニ於テ佛國王モ亦此風潮ノ誘フ所トナリ識ラス知ラス舊體ヲ變シ遂ニ王權ヲ正教ニ根基セズ王位ヲ以テ其家系ニ繼續スルモノナリト揚言スルニ至レリ爾來基督教ハ政權ニ干渉シ政權上ニ勢力ヲ及ホシ王權ノ抵抗アルニ拘ハラス數世紀ヲ經テ止マル所ナカリシ然レﾄﾓ王ハ臣民ノ間ニ介スル者アルヲ喜ハサルヲ以テ宗教權ニ關セサル一種特別ノ神權ヲ執テ國家ヲ統轄セントシ漸次ニ宗教權ノ管轄ヲ脱出セリ蓋シ神權ヲ以テ命令權ノ基礎トスルハ固ヨリ王ノ欲セサル所ナレﾄﾓ臣民ノ王ニ服從セサ

ル可ラサルノ義務ニ至テハ神法其基礎タランヿヲ望ムモノニテ自家撞著ヲ免レサルモノナリ是ヨリシテ從來ノ教法王政ハ一變シテ只帝王ノ專制政治トナリ人ノ帝王ヲ尊敬スル所以ノモノ亦一切主權ノ淵源ナル天主ニ關係アルカ爲メニ非スシテ獨リ帝王ノ一身ニ屬ス是ヲ以テ其尊敬ハ復タ昔日ノ如キ確然ノ基礎ナキモノト爲レリ然レ圧王政ノ晩年ニ至リ王權ノ盛大ヲ致スヤ非常ニシテ人民ノ之ヲ仰望スルヿ實ニ神ノ如クナルモノアリシ

斯ノ如キ政體ニシテ獨リ怪シムヘキハ當時封建政治ノ後ヲ承ケタルヲ以テ所謂士風ナルモノ尙ホ其遺風ヲ絶タサルノ一事是レナリ故ニ位地高ク器量絶レタルノ士ト雖圧

若シ主命アルニ當テハ其財産性命ヲ棄テヽ顧ミス人亦之ヲ賞賛スルニ忠勇義烈ヲ以テセリ抑モ王權ト封建餘孽トノ間ニ軋轢ノ未タ全ク其跡ヲ歛メサル時ニ當リテハ人民ハ王權ニ依レハ必ス壓制ヲ免ルヘキヲ知ルカ故ニ王ヲ目シテ父母或ハ慈善者トナシ偶マ貴族等ノ牽掣スル所トナルト雖モ未タ曾テ一日モ王權ノ仁澤ヲ記臆セスンハアラス或ハ貴族等ノ爲メ不正苛酷ニ苦ムヿアルニ至レハ直ニ趨テ救ヲ王ニ請ヒ以テ其保護者タランヿヲ求ムルカ故ニ不幸ナル人民ハ貴族ノ虐壓ニ遭ヘハ常ニ嗚呼王ヲシテ之ヲ知ルアラシメハ必ス此ニ至ラサルヘシトノ歎聲ヲ發スルノ狀態アリシ是故ニ顯理第四世崩殂シ諸侯復タ其獨立ヲ

圖ランドスルニ當リ王ヲ助ケテ能ク其權ヲ維持シタル者ハ則チ人民ナリ又朝廷ニ於テ貴族等ノ惡ムヘキ要求ヲ却ケンカ爲ニ三民議會ヲ招集シタル時ニ當リ即チ千六百十四年十月廿七日ノ會議ニ於テ大ニ王權ノ侵ス可ラサルヿヲ論定シタルモ亦人民ナリシ

然ルニ其後諸侯廢セラレ人民親シク王權ト直接スルニ及ンテ雙方ノ利益希望相反スルヿアルカ爲ニ其間ニ軋轢ヲ生シ人民ノ心裡ニ漸ク抵抗ノ精神ヲ萠起スルニ至レリ是レ政治上ニ法王ノ勢力ヲ有スルヿ熄テ人民代テ之ヲ左右スルニ及ヘルナリ然レ𪜈路易十四世ノ剛毅果決ナル國運ノ傾覆ヲ支ヘタルヿ幾ント半世紀ニシテ人民モ亦王權ノ光輝

尊榮ニ瞑眩シ敢テ背反ノ色ヲ顯ハサヽリシカ同王ノ崩スルヤ人民再ヒ進取ノ氣象ヲ呈出セリ蓋シ同王ノ晩年佛國ハ窮困ノ域ニ陷リ人民塗炭ノ苦ヲ極メタルヲ以テ人民ハ此罪ヲ政府ニ歸スルニ至レリ故ニ其嗣王ノ世ニ及ンテ人民ハ益々政府ヲ怨望シ從來君主ヲ敬愛欽慕セシ所ノ念ハ一變シテ怨恨ノ情トナリ第十八世紀ニ至リテハ實學派ニ屬スル共和主義ノ理學者等ハ其著書ヲ以テ漫ニ人民ヲ教唆シテ其尊王心ヲ一掃セリ路易第十六世ハ此不幸ナル世運ニ遭遇シタルヲ以テ其德義ノ美アリト雖𪜈到底國運ヲ挽回スルニ足ラス當時頻リニ古來ノ佛國人ノ他人ニ秀テタル勇俠義烈ノ氣象ト帝王政治ノ國ニ於テ國體ノ基礎ト

ナリ愛國心ト相合シ法律ノ能ク左右シ得可ラサル幾多ノ美德ヲ生スル所ノ忠君ノ精神トハ危急ノ時ニ及ンテハ必ラス奮然振起スルヿ疑フ可ラサルヿヲ唱ヘタル者アリシモ是レ徒ニ架空ノ言ニ止リ國民ノ心術ニ至テハ毫モ君主ヲ敬愛スルノ念ナク王權ノ光威ハ一タヒ衰ヘテ復タ還ルニ由ナキノ有様ニ陥タリ

而シテ革命亂ノ起リテ帝王政治ヲ顚覆スルニ當テヤ羅馬教ノ軋轢復タ生出シテ其勢往時ニ比スレハ更ニ一層ノ激烈ヲ加ヘリ是レ則チ人民主權ト神權トノ兩主義互ニ勝ヲ政治社會ニ爭フモノナリ而シテ此人民主權ノ說ヲ執ル者ハ即チ共和政體ヲ主張シ抗上犯官ノ念愈々熾盛ニシテ其

極遂ニ變亂黨トナレリ而シテ神權主義ノ者ハ即チ帝王政體ヲ稱揚シテ尚ホ佛國古來ノ傳說ヲ保守シ國君ニ對シテ尊敬愛慕ノ念ヲ生シタルモノナレ𪜈當時政府其政略ヲ誤リ終ニ之ヲシテ去テ羅馬教ニ合併セシムルニ至レリ
王政復興ノ時ニ當テ兩主義ノ軋轢ハ如何ノ調和ニ因テ其局ヲ結ヒシ乎又タ世襲政治ノ說ハ如何ノ事由ニ因リ神權說ニ繼テ起生セシ乎ハ吾輩前章ニ於テ既ニ之ヲ論述セリ此世襲ノ說タル元來明白ニシテ甚タ睹易キ道理ナレ𪜈世上尚ホ之ニ異論ヲ懷ク者ナキニ非ス終ニ七月革命亂ヲ發生スルニ至レリ此亂ハ人民主權ノ說ヲ實行セントスルノ目的ヲ以テ擧行シタルモノヽ如シト雖𪜈其結果ハ却テ立

君政體ヲ現出セリ是レ吾輩カ屢々論セシ如ク人民思想ノ改良ハ漸ヲ以テスヘク決シテ急激ノ變革ヲ以テ之ヲ促スヘキモノニ非ス夫ノ蘇格蘭（スコットランド）新教徒ノ子孫ガ其同等自由ノ主義ヲ以テ合衆國民ヲ薫陶シタルカ如ク佛國人モ亦タ十四世紀以來王權政治ニ感染セラレタルヲ以テ自ラ其父祖ノ是認シタル政體ヲ採用スルニ至レルハ即チ其性ニ基クモノナリ實ニ此傾向ハ深ク佛國人ノ心裡ニ浸潤スルヲ以テ五十年以來非常ノ動搖アルニモ關ハラス尚ホ社會ノ風潮ニ抵抗シテ確然動カサリシナリ是ニ由テ之ヲ觀レハ佛國ノ人民ハ君主ノ一身ニ對シテハ其如何ヲ知ラスト雖モ立君政體ニ於テハ尚ホ自ラ懸戀ノ情ヲ存スルモノト謂フ

ヘキナリ
然レ𪜈七月ノ革命亂ハ正統說ヲ擊破シ神權主義ノ餘孽ヲ破壞シ以テ王權ノ侵ス可ラサル思想ノ上ニ著シキ變革ヲ來シタルモノト謂ハサルヲ得ス爾來佛國ハ天佑ニ因テ踐祚スルノ名稱ヲ止メ其權威モ亦タ天主ノ直傳ナリト認メラレサルヿトナリ龍體ノ侵ス可ラサルヿハ政治上ノ便宜ト人間ノ實利トニ因テ憲法ニ之ヲ認定明言スルヿトナルニ至レリ是レ則チ君主ト宗敎ノ關係ヲ離斷シ帝王政治ノ一宗敎ナルヿ及ヒ忠君主義ノ一派敎法タルヿヲ廢シタルニ起原スルモノナリ
以上陳述スル所ヲ略言スレハ王位ヲ尊敬スルヿハ立君政

治ノ國ニ於テハ皆能ク之ヲ恪守シ以テ天然ノ法ニ順フモノト認定セシモ特リ佛國ハ三回ノ變遷ヲ經テ今日ノ形勢ニ馴致セリ而シテ此三回變遷ノ時期ニ於テ毎ニ其尊敬心ノ理由ヲ異ニセリ王政ノ初ニ當テ龍體ヲ侵ス可カラサルモノトスルハ專ラ聖經ニ基キ宗教ニ根據シタルナリ即チ人民ハ君主ヲ目シテ天主親ラ之ニ塗油スル者トシ又タダヴイド、サロモン等ノ代理者ト爲シ王位ハ即チ神權ヲ表顯スルモノナルカ故ニ龍體ヲ侵ス者ハ則チ神威ヲ慢ルモノナリトセリ其後第三ノ王統ニ至リ宗教主衰フルニ及ヒ君臣相互ノ需用ニ基キ封建時代ノ忠義心ナルモノ起リシモ幾ハクモナク一變シテ空漠タル名譽心トナリ徒ニ其君主

ニ默從スルヲ以テ其正ヲ得タルモノトナシ遂ニ純正ノ忠義心ト稱スベカラサルモノアルニ至レリ此一期間ハ忠義心ニ出テ君主ニ尊敬忠愛ヲ盡シタルナリ而シテ七月ノ革命亂起リテヨリ以來ハ實利主義勃興シテ社會ヲ制シ社會ノ便宜ト政治上ノ權道ニ因テ龍體ヲ以テ侵ス可ラサルモノト認定スルニ及ヒタリ

是故ニ龍體ノ侵ス可ラサルハ孰レノ點ヨリ觀察ヲ下スモ一モ他ノ社會制度ニ異ナル所ナク王位世襲ト一樣ナル便宜實益ニ基テ建ナタル結果ナリト謂フヘキノミ夫レ然リ故ニ假令ヒ王位ヲ以テ連綿萬世ニ亘ルヘキモノト定ムルモ若シ口實ヲ設ケ國王ヲ彈劾處刑シ其廢立ヲ放マヽニスルヲ得ヘクンハ王位世襲モ亦タ何ノ益カアラン是ヲ以テ

王位世襲ノ原則ヲ建ルト同時ニ龍體ヲ以テ神聖侵ス可ラストシタルハ必要ノ制度ト謂ハサルヲ得ス是レ法律上ニ於テ龍體ニ危害ヲ加フル者ハ國事犯ヲ以テ其罪ヲ論スル所以ナリ實ニ國王崩殂シテ一國喪亂ノ災害ニ陷ルヿ古來其例尠カラス又政體ハ王ノ有無ニ係ハリテ變遷ス即チ共和政體ノ立君政體ニ異ナル所以ハ一ニ王ノ一身ニ關スルヲ見テ之ヲ知ルベシ且ツ王ハ既ニ論述セシカ如ク一國ヲ擧テ之ヲ一身ニ統括スル者ナリ其身ヲ以テ政治社會ヲ代表スル者ナリ社會ノ穹窿ヲ支フルノ關鍵ナリ憲法ノ肉體ニ化生シタル者ナリ故ニ國王ヲ弑スルハ猶ホ刃ヲ憲法ノ心胸ニ傳スルニ異ナラス然ルニ帝王ニシテ兇徒ノ弑逆

ニ遭ヒ玉ヘルヿ他ノ主治者ニ比スレハ史乘ニ於テ更ニ其例多キモノハ何ソヤ是レ畢竟帝王其人攻擊スルニ非スシテ王權ヲ攻擊スル者ナリ

此故ニ人民ノ王權ヲ尊敬スルハ概シテ他ノ政體ノ主權ニ比シ其重ヲ加フルハ因襲ノ然ラシムルニ非ス又王權ノ廣大ナルヲ以テノ故ニ非ス王ノ存亡ハ大ニ憲法ノ存亡ニ關スルヿヲ慮ルニ由テナリ此理ニ基ツキ人民ノ尊敬心ヲシテ永久失墜セシメサランカ爲ニ國王ニ對シテハ些少ノ不敬ト雖モ尚ホ嚴ニ之ヲ罰スルナリ

加之龍體ハ決シテ侵ス可ラストスルノ定則ヨリ廣大無邊ノ結果ヲ生セリ其結果ハ公法ニ所謂王ハ惡事ヲ爲サスト

ノ格言中ニ含蓄セリ此言意ハ敢テ王ハ錯誤ナシ王ノ行事ハ皆ナ正理ニ合ヒ法律ニ適ストノ謂ニ非ス唯王ハ其行事ノ爲メニ彈劾ヲ受ケ法庭ノ審問ヲ被ラサルノ義ナリ而シテ此定則タル最モ廣博無限ナル意義ヲ存シ凡ソ王ノ行事ハ政事上ニ關スル職權ヨリ一身ノ私事ニ至ル迄皆ナ其包括スル所ナリ唯王位ノ高貴ナル漫ニ人民ト直接ノ關係ナキヲ以テ一私人ヨリ王ニ係リ刑事ノ訴ヲ起スヿ稀ナルカ故ニ政典ニ於テ敢テ此條ノ明文ヲ設ケサルナリ是レ恰モ「アテーヌ」ノ法律ニ於テ父ヲ弑スル者ノ罪ヲ定メサリシカ如ク王ハ刑法ニ坐スヘキ者ニ非ラストスルニ由ルナリ既ニ法律ニ明文ナキヲ以テ臣民タル者ハ王ニ係リテ訴ヲ起

スノ權利ナシ假令ヒ亞歷山ノ再生シ新クリチユスノ血ヲ以テ其刃ヲ染ムルアルモ我法律ニ訴ヘテ王ノ處刑ヲ請求スルノ道ハ萬々之レアラサルナリ

然レモ王ノ政治上ノ職權ニ關スル行事ニ至テハ憲法ハ大ニ見ル所アリ抑龍體ノ侵ス可ラサルハ固ヨリ廣大無邊ノ定則ナルヲ以テ憲法ハ之ニ慮ル所アリテ此原則ヲ設クルト同時ニ其結果ヲ節限スルノ法ヲ定メタリ即チ其一ハ王ハ直接ニ事ヲ行フ能ハストシ一切ノ勅命ハ宰相ノ副署ヲ待テ始メテ之ヲ頒布スルカ故ニ如何ナル勅令ト雖モ此副署アルニ非サレハ其効力ヲ具ヘサルモノト爲シ歐洲ニ於テハ威望最モ隆盛ナル帝王ト雖モ此規式ニ違ヘハ最下等

ノ人民ダモ猶ホ且ツ其命ニ從ハシムルヿ能ハサルナリ又其一ハ宰相ヲシテ一切ノ責任ニ當ラシムルモノ是ナリ宰相ニシテ不正ノ命令ヲ出シ若クハ自ラ之ヲ行フヿアレハ其彈劾ヲ受ケサル可ラス敢テ口ヲ王命ニ藉リテ其罪ヲ免ルヽヿヲ得サルナリ

是ヲ以テ憲法ニ於テ王ヲ以テ神聖侵ス可ラサルモノト定メタル條欵中ニ宰相ハ其責ニ當ルヘキノ明文アリ實ニ此兩事タル互ニ密著緊附シテ離ルヘカラサルモノニシテ宰相ノ責任ハ寵體ノ侵ス可ラサルノ保障ニシテ寵體ノ侵ス可ラサルハ則チ宰相ニ責任アルニ因ルモノト謂フヘシ

人民ガ自由政府即チ人民政權ニ干預スルノ政府ノ傷害スル所ト爲ラサル

ハ假令ヒ政府ニ不正ノ行事アリト雖𪜈其責メニ溯ルヿヲ要セス其尊敬セサル可ラサルノ王位承襲ノ順序ヲ攪亂セスシテ其不正ヲ懲罰スルヲ得ルハ則チ此政機ノ妙用ニ由ル所ナリ

歴史ニ徴スレハ古來官吏ヲ措キ此恐ル可キ責任ヲ以テ直ニ王ノ一身ニ歸スルヿ其例尠ナカラスト雖𪜈夫ノ正理公道全ク跡ヲ滅シ獨リ腕力ノミ社會ニ行ハルヽ喪亂時代ノ事ハ以テ論據トナスニ足ラス故ニ「ドポソンヤリ」及ヒ「スタフホルド」等ノ處刑ハ憲法ノ主義ヲ以テ辨解シ得ヘシト雖𪜈査理十世トジヤック二世トノ王位ヲ廢シタル事ニ至テハ全ク革命亂ノ之ヲ致セルノミト云フノ外他ニ辨解ノ道

ナキナリ

第二欵　官吏ノ保護ヲ論ス

夫レ侵ス可ラサルノ特權ト自由トハ世人ノ認メテ兩立シ難シトスル所ノモノナリ然レトモ官吏ヲシテ責任ニ當ラシメ責ヲ至尊ニ及ホサヽルノ法ニ由レハ此兩事ハ能ク相調和シテ弊害ヲ生スルノ虞ナキナリ然ルニ佛國ノ憲法ハ此事ニ關シテ一大欠點アルヲ免レス夫レ侵ス可ラサルノ一事ハ人間最上無比ノ特權ニシテ濫リニ諸人ノ有スヘキモノニ非ス唯帝王ノミ獨リ之ヲ占ムルヲ得ルナリ故ニ國王ノ名ヲ戴キ以テ政務ヲ執行スル者ニ至テハ其職固ヨリ國王ノ罪ヲ負擔スヘキナリ然ルニ佛國憲法ハ侵ス可ラ

サルハ特權ヲ以テ普ク之ヲ百官有司ニ與ヘタリ是レ不理ノ甚シキモノナリ法律ノ明文ニ曰ク「官吏ノ職務上ニ關スル行事ニ對シ何人タリモ參事院ノ許可アルニ非サレハ起訴スルヿヲ許サス但シ民事モ同斷ナリ」トムーニエー氏ハ之ヲ評シテ威權強盛ナル奸吏ノ無罪特許狀ナリト言ヘルハ其理ナキニ非ルナリ抑モ參事院トハ果シテ何ソヤ即チ王ト宰相トノ謂ナリ政府ノ官吏トハ何ソヤ凡ソ政府ニ奉職スル者ハ上ハ警察長官及ヒ諸省ノ局長ヨリ下ハ巡査及ヒ税關ノ小吏ニ至ル迄皆此語中ニ包含セラルヘシ

此法律ノ條欵タル全ク憲法ノ主意ニ戻レルモノト謂ハサルヲ得ス夫レ政權分立ノ主義ハ憲法ノ大綱、政體ノ基礎ナ

リ故ニ行政上ノ處分ハ固ヨリ法衙ノ監督ヲ受クルヲ要セス官吏ハ其行事ノ理由ヲ辨明スベキニ非ス然ラサルトキハ大ニ施政ヲ妨害ス行政上ノ事ハ固ヨリ行政長官之ヲ管掌スル・ノ權利ヲ有ス可シト謂ハン乎實ニ然リ此等ノ事ハ公益上固ヨリ行政權ニ屬スヘシト雖モ法衙モ亦タ之ニ參與スルヿナキヲ得ス實ニ臣民ノ權利ヲ保護セント欲セハ必ズ獨立ノ法官ヲシテ國王ト臣民トノ中間ニ立タシメ政府ニ於テ臣民ノ權利ヲ損傷スルヿアレハ直ニ法官ヲシテ其訴ヲ受ケシメ之ヲシテ相當ノ賠償ヲ出サシメ以テ臣民ノ權利ヲ保全セサルヘカラス政府ノ處分果シテ必要ナル乎否ノ審査ニ至テハ固ヨリ行政權ノ管掌スル所ニシテ敢テ

法衙ノ管スヘキ所ニ非ラスト雖モ政府ノ行事果シテ臣民ノ利益ヲ損傷セサル乎否ノ點ニ至テハ裁判官ノ職分ナリトス故ニ政府ノ處分果シテ臣民ノ權利ヲ損傷シタリトセハ施政上或ハ止ムヲ得サルノ情實アルモ其損害ヲ被リタル者ニハ相當ノ賠償ヲ與フルヿ固ヨリ至當ノ條理ナリトス

然ルニ今ノ社會ハ行政權之ヲ代表スルヲ以テ官吏ニ對シ刑事ノ訴訟ヲ許スト否トハ重罪人ヲ起訴スルノ權ト一般ニ獨リ行政權ノ決ニ在ルヘシトノ論理ヲ主張シ得ヘシト雖モ尚ホ行政處分ニ因テ損害ヲ被リタル臣民ハ法庭ニ訴ヘテ其權利ヲ伸暢セサルヲ得ス豈ニ此臣民ノ權利ヲ

剝奪スルヿヲ以テ之ヲ行政官ニ屬セシム可ケンヤ臣民タル者ハ凡テ裁判所ニ出テ、其被リタル損害賠償ヲ請求スヘシ唯行政權ハ僚吏ノ所行ヲ以テ事情止ムヲ得サルモノト判定セハ其損害ヲ賠償スルノ義務ハ宜シク政府ニ於テ之ヲ負擔スヘシ其他ハ官吏獨リ其責ニ任セサル可ラス然ルヲ起訴スルニ先タチ豫メ行政官ノ許可ヲ受ク可シトスルハ成ル可ラサルヿヲ人ニ求ムルモノト謂ハサル可ラス若シ夫レ宰相ニシテ不正ノ行事ヲ命シタルモノナラシメハ彼レ如何ンソ其正犯人ヲ追捕スルヿヲ許サンヤ此ノ如キノ制度ハ或ハ政治上ノ便宜權道ニ因テ止ヲ得サルモノトスルモ到底之ヲ以テ自由ヲ保全スルノ策ト謂フ可ラス

偶マ其弊害ノ烈シカラサルハ幸ニ公議輿論ノ在ルアリテ自ラ節制スル所アルニ因ルナリ

第三款　王室ニ關スル訴訟ヲ論ス

夫レ龍體ヲ以テ神聖侵ス可ラスト定メ又王ハ惡事ヲ爲サヽル者トスルノ主義ハ既ニ我公法ノ基礎トスル所ナリ然ルニ此主義ヲ擴充スルノ極遂ニ其目的ヲ達スルニ必要ナル注意ノ區域ヲ踰ユルニ至ルト且ツ現時ニ於テハ往昔國王ノ一身ニ歸シタル衆庶ノ尊敬ハ全ク衰ヘテ陳腐ナル記臆ト固陋ナル制度ノ勢力ハ全ク價格ヲ失ヒタルヿヲ視認スルニ隨テ可成國王ノ名ト其行事トヲ以テ政治社會ノ議論ニ干渉セサルヿヲ肝要ナルヲ覺リ王ヲ以テ他ヨリ一層

ノ高階ニ置キ之ヲシテ社會ノ利達功名ト懸隔シ王ヲシテ躬親ラ臣民間ノ議論ニ關係セシメサルヿト爲セリ故ニ王ハ假令ヒ政事上ニ過失アルモ之カ爲メニ彈劾ヲ受ケス其事件ノ性質重大ナル時ハ宰相ハ輿論ノ衝及國會ノ非難ニ當リ其攻擊シ彈劾シ處刑スル所トナリ王ノ私事ニ關シ直接ニ訴ヲ起シ其處刑ヲ請求スルヿハ臣民ノ敢テスル所ニアラズトシ王若シ原告ト爲リテ起訴スルノ場合ニ於テモ王ノ名ヲ以テ之ヲ爲スヿヲ得ス必ス一人ノ中間ニ介スル者ヲ待テ之ヲ行フヿトス是レ王ノ名或ハ法庭ニ於テ他ノ攻擊スル所ト爲リ或ハ原被兩造ノ間ニ罵詈誹謗ヲ免ルヽヿ能ハサルヲ慮テ此法ヲ定メタルモノナリ

既ニ斷ノ如ク緊要ナル理由ノ外ニ尚ホ第二ノ重大ナル事項有リテ此制度ヲ必要ナラシムルモノ有リ即チ法庭ニ於テ是非曲直ヲ判決スルニ當テハ原被ノ一方ニ王名ヲ投シテ以テ正理ノ權衡ヲ傾カシメサルヿ是ナリ此ノ如キ場合ニ在テ法官タル者ハ須ク國王ハ一切判決ノ由テ出ル所恩免宥赦ノ淵源スル所且ツ己等カ官位ヲ受クル所ニシテ裁判ハ凡テ王名ヲ以テ之ヲ宣告スルモノナルニ又其王ヲ以テ訴訟ノ一方トセハ其尊嚴ヲ忘ルベシ

是故ニ國王ニ係リ一ノ訴訟ヲ起シ若クハ他ノ起訴ニ對シ答辨スルヲ必要トスルノ場合ニ在テハ毎ニ其產財ヲ管理スル者二名ヲ法庭ニ出シ其代理タラシムルヲ以テ例トス

抑國王ハ種々ノ性質ヲ具ヘタル財產ヲ所有スル者ニシテ一ヲ公有トシ一ヲ私有トス私有財產ハ其世襲ノ領地若クハ私事上ヨリ得タル者ニシテ通常ノ管理者ヲ置キ之ヲ監護セシメ一ハ王室ノ使用ニ供シ所謂王室財產ヲ組成スルモノナリ但シ此分ハ其實政府ノ所有ニ係リ王ハ唯其入額所得ノ權ヲ有スルノミ而シテ之ヲ管理スル者ヲ王室財產管督者ト謂フ此兩管督者ハ單ニ代理人ノ資格ヲ有スルノミニシテ敢テ辛相ノ如キ責任ヲ有セス夫ノ國王ノ財產ニ關スル訴訟若クハ他人ノ訴訟ヲ受クルコアレハ則チ此兩管督者ハ王ニ代テ之ニ任セサル可ラスト雖モ實際國王ハ凡テ其撿事長若クハ始審裁判所ノ撿事補等ニ因テ代理セ

ラルヽヲ以テ王ニ對スルノ召喚狀ハ之ヲ撿事ニ交付スルナリ是レ蓋シ法律上ニ於テ國王ノ住居ハ常ニ國中ノ各撿事局內ニ在ルモノト認メラルヽヲ以テナリ而シテ王ニ係ル所ノ訴訟アルニ當テ撿察官等ハ王ヲ辨護シ敢テ代書人ノ力ヲ假ルヿナシ是故ニ從來慣習ニ因テ實行シタル佛國法ノ格言ニ由テ今日ニ至リ佛國ニ於テハ何人タリトモ國王ヲ除クノ外撿事ヲ以テ辨論スル者アルヿナシト謂フモノ法律上ノ明文トナレリ

古ヘハ匿避ノ權利ヲ濫用シ往々大罪人ヲシテ法網ニ漏レシムルノ弊アリ神社寺院ニ論ナク他ノ建築物ト雖トモ罪人ノ一タヒ足ヲ其境內ニ容ルヽモノアレハ政府ノ吏人ト雖

𪜈之ヲ逮捕シ罪ヲ加フルヲ得サルノ例アリ今日ニ至テハ此等ノ習慣ハ全ク消滅シ司法上ノ事ハ大ニ昔日ニ異ナリテ唯人民ノ家屋ノミ侵ス可ラサル城郭ト爲リタレ𪜈夜中ノ外ハ猶官人其内ニ入ルヿヲ得ルナリ獨リ其慣例ノ存シテ終古變セサルモノハ王宮其他王宮附屬ノ館舍等ニ在リトス

此等ノ宮城館舍ニ關シテハ官命ニ因リ司法ノ職務ヲ執行スルノ日ト雖𪜈尙特別ノ法式ヲ履ムニ非サレハ之ヲ行フヿ能ハサルモノトス是故ニ警察官吏其他司法上ノ命令ヲ傳フル者ト雖𪜈漫リニ王ノ宮城其他之ニ附屬セル館舍ニ入ルヲ得ス若シ平常其內ニ住居スル者アリテ之ニ召喚狀

ヲ與フルヿアレハ門衞ニ其狀ノ謄寫ヲ附スヘシ
若シ物品ノ王宮內ニ封鎖スヘキモノアリ若シ其目錄ヲ作リ或ハ司法ノ命ヲ執行セント欲セハ逮捕吏、撿事、豫審判事及ヒ他ノ司法官吏等ハ豫メ其管理者ニ請ヒ職務執行ノ便宜ヲ與ヘラレンヿヲ依賴セサル可ラス是ニ由テ之ヲ觀レハ侵ス可ラサルモノハ獨リ龍體ノミニ非ス其平常住居シ玉ヘル宮殿館舍ト雖モ尚ホ侵ス可ラサルヲ知ルヘキナリ

第二編　立法權ノ事

第一章　王ト國會トノ關係ヲ論ス

夫レ立法權ハ他ノ諸權ニ超ヘ政權中最上ノ地位ヲ占ムル者ナリ何ヲ以テ之ヲ云フ法律ヲ制定シテ他ノ政權ヲ運動幹旋シ又時世人智ノ進歩ニ應シテ國憲ヲ改良シ以テ他ノ政權ノ限界ヲ伸縮スル等皆立法權ノ管掌スル所ニアラサルハナシ然ラハ則チ立法權ハ之ヲ最上ノ地位ヲ占ムト謂フモ敢テ不當ニ非サルヘシ而シテ佛國王ハ立法權ノ全體ヲ構成スルニ於テ必要ノ部員タリ諸般ノ法律ハ必ス王ノ裁制ヲ待テ而ル後之ヲ定ム是レ王ハ法律議案ヲ發シ及ヒ之ヲ批准スルノ權ヲ有スル所以ナリ然レモ此等ノ議論ハ

姑ク之ヲ後章ニ讓リ本章ニ於テハ特ニ國會ニ對スル王權ノ範圍區域ヲ論述セントス抑王ノ國會ニ對シ有スル所ノ權ハ諸般ノ事ニ涉ルニ依リ少シク意ヲ此點ニ注ク者ハ容易ニ王ノ國政上ニ廣大ナル勢力ヲ有スル所以ヲ發見スヘシ夫レ王ハ獨リ議院ヲ開閉スルノ權ヲ有スルノミナラス國會ノ如キモ亦王ノ招集アルニ非サレハ集會スルヿヲ得ス又タ集會シタルノハ國會ト雖モ王之ニ解散ヲ命スレハ直ニ散會セザルヲ得ス故ニ盛ニ代議主義ヲ實行スル所ノ英國ニ於テ國會ノ始終ハ王ニ在リト謂フノ語アリ實ニ能ク國家ノ樞要ヲ察シ國會招集ノ時機ヲ照知スヘキ者ハ王ニ若ク者ナシ且ツ王ハ間斷ナク政務ノ衝ニ當ルヲ以テ未タ集

會セザルノ議院ヲ招集スルヲ得ル者ハ王ヲ置テ他ニ當然ノ人アルヲ見サルナリ但シ曾テ國會ノ王ヨリ招集アルヲ待タスシテ集會シ王ノ意ニ逆フテ大ニ憲法ヲ改革シタル一例アリ即チ千八百三十年八月擅ニ王ヲ廢シルイ、ヒリップ第一世ヲシテ王位ニ即カシメタルヿ是レナリ蓋シ此時ニ當テ國會ノ斯ル擧動ニ出テタルモノハ實ニ止ムヲ得サルノ情實アリテ王ノ招集ヲ待ツニ遑アラサリシニ由ルモノナリ當時ノ實況ヲ顧ミルニ眞ニ國會招集ノ權ヲ有スル者ナシ然レハ則チ如何ナル法律ノ明文アリト雖モ已ムヲ得ス之ニ一歩ヲ讓ラサルヲ得サルハ世人ノ熟知スル所ナリ然ルモ仍ホ國會ハ斯ル革命亂ノ際ニ在テ勤メテ憲法ノ主

義ニ背戻セサランヿヲ計リ之カ爲ニ查理第十世ノ勅令ヲ以テ豫定セラレタル時日ヲ待テ其集會ヲ爲シ唯タ其後ニ至リ前令取消ノ勅令ヲ以テ無効ノモノト認メタルナリ通例議會ノ開院ヲ司ル所ノ權ハ王ニ歸スルヲ以テ王ノ議會ヲ開クニ當テヤ元老議官及國會代議士等ヲ一所ニ會合シ之ニ對シテ其意思冀望或ハ國家ノ需要及人民ノ思想ヲ演說スルノ例ナリ然レモ王ハ開院ノ時ヲ除クノ外國會議長若クハ内閣ヲ經由セスシテ直接ニ國會ト關係スルヿヲ得ス國會ニ出席スルカ如キハ王ノ爲ス可カラサル所トス是レ蓋シ王ノ出席ハ議事投票ノ自由ヲ障害スルニ由ルナリ在昔羅馬ノ元老議員カ帝ノ榻下ニ議事ヲ開キシキニ當リ

毎ニ之ニ阿曲シ以テ諛言ヲ呈シ論説ヲ賣リタルヿ往々是アリ王ノ出席ハ却テ議員ノ心ヲ攪動スルヲ見ルニ足ルヘシ」

王ハ又國會ヲ閉鎖スルノ權アリ若シ閉院ノ勅令出レハ委員タル者之ヲ國會ニ傳達ス是ニ於テ國會ハ議事ヲ中止シ勅令ノ朗讀ヲ聽キ直ニ之ヲ閉鎖スルモノトス

然レ𪜈必スシモ全ク議會ヲ閉鎖スルヲ要セスシテ唯國會ノ行事ヲ中止スルカ爲ニ一時其延期ヲ命スルヿアリ此時ニ當テハ既ニ起草シタル法案ハ全ク之ヲ廢棄スルヲ要セス而シテ此延期ト閉院トノ區別ハ全ク無用ニ屬スルモノニ非ス今其區別ノ在ル所ヲ例スレハ議院閉鎖ノ場合ニ於テハ前會中廢棄ニ歸シタル議案ヲ次會ニ於テ再ヒ提出ス

ルヿヲ許スト雖モ其延期ノ場合ニ於テハ次會ニ至ルモ先キニ廢棄ニ歸シタル議案ハ之ヲ提出スルヿヲ許サス又議院閉鎖ノ場合ニ於テハ其閉場ニ際シ議案ノ未タ審査委員ノ報告ヲ經サルモノアリテ之ヲ次會ノ討議ニ附セント欲スル如キハ再ヒ通常ノ成規ニ照シテ之ヲ提出シ更ニ委員ヲシテ之ヲ審査セシメサル可ラスト雖モ延期ニ係ルモノハ然ラス再ヒ委員ノ審査ヲ要セス直ニ討論ヲ開クヲ得ルモノトス

王權ノ廣大ナルハ以上ノ諸權ノ如ク單ニ議會ノ延期ヲ命スルノ類ニ止ラス仍ホ直ニ代議院ヲ解散シ得ヘキノ權アルナリ此權タル固ト代議士撰擧ノ時ニ於テ往々陰謀秘計

脅迫等ノ事行ナハルヽアリテ當撰ノ議員實ニ國民ノ輿論ヲ代表セサルヿアルノ場合ニ際シ(是レ佛國ノ歷史ニ徵シテ屢其例ヲ見ル所ナリ)或ハ代議士ト內閣員トノ間ニ甚キ不和ヲ生スルカ如キ場合ニ在テ王ハ直ニ宰相ノ挂冠ヲ允可セス先ツ公議輿論ニ問ヒ議員ノ反對ハ果シテ全國ノ意ニ出ルヤ或ハ唯議員各個ノ意ニ止ルヤ否ヲ試ミンカ爲ニ之ヲ使用スルナリ然レ𪜈憲法ハ王ノ此權ヲ濫用スルノ弊ヲ慮リテ王若シ一ノ國會ヲ解散スレハ則チ三月ヲ出スシテ更ニ新國會ヲ招集セサル可ラストシ又如何ナル境遇ニ際スト雖𪜈每年必ス國會ヲ招集セサル可ラスト定メ此條欵ノ制裁上ニ地租ハ一年ヲ限テ之ヲ議定ストノ條欵ヲ設

ケタリ

又タ國會議員ノ撰擧會ヲ招集スルノ權ニ關シテハ其時期、場所等、一ニ王ノ制定スル所ニ係ルト雖𪜈王若シ倉卒ニ其招集ヲ布告スルヿアレハ他方ニ在ル所ノ撰擧人等ハ招集ノ場所ニ會スルニ遑アラス從テ其參政權ヲ實行スルノ道ヲ失フヘシ故ニ憲法ハ此ニ慮ル所アリテ撰擧會ノ招集ト其集會トノ間ニ幾干カ時日ノ猶豫ヲ與ヘタリ

然ルニ前ニ述フルカ如ク代議院解散ノ權ハ王ノ獨有スル所ナリト雖𪜈元老議官ニ對シテハ此權ノ施スヘキ道ナキヲ以テ從テ之ニ解散ヲ命スルヲ得ス抑元老議官ハ終身官ナルヲ以テ一タヒ上院ニ列スル者ハ生涯之ヲ免職スルヲ

得サルノ成規ナリ故ニ王ハ之ニ對シテ其權ヲ施スノ道ニ乏シト雖𪜈憲法ハ之ニ關シテ王權ヲ以テ全ク權威ナキモノトハ爲サス却テ此終身官ノ弄權專橫ニ對シ能ク王權ヲ保護シ又元老院ニ於テ人民ノ利益ヲ藐視シ特別ノ理由ナクシテ代議院ニ反對スルノ擧動アルモ人民ヲシテ其痛苦ヲ感受セシメサルヲ得ルノ道ヲ以テ王ニ與ヘタリ此非常ノ特權ハ愼守シテ之ヲ濫用セサランコトヲ要ス此道トハ即チ議官ヲ新任シテ議會ノ多數ヲ破ルノ權是ナリ夫レ元老議官ナル者ハ其數ニ定限ナキヲ以テ國王ノ必要ナリト思量スル時ハ幾人タリ𪜈隨意ニ之ヲ增員スルヲ得ヘシ但シ法律ノ指定シタル貴顯ニ非サレハ之ヲ元老議官ニ撰任スル

ヿヲ許サス又タ其任ニ堪ユル人物ヲ得ンカ爲ニ元老議官ヲ任スルノ勅令ハ各人各個ニ止マリ且詳細ニ其人ノ爵位及功勞ノ其任ニ適スルヤ否ヲ記載セサル可ラス是レ憲法ノ定ムル所ナリ然レ𪜈實際此爵位功勞ヲ詳記スルヿハ太タ希ナルカ如シ

一國政權ノ平均ヲ維持シ其勢力偏輕偏重ノ弊ナカラシメンカ爲ニ國王ノ有スル所ノ權利ハ以上列擧シタルカ如シ此等ノ權利ハ人民ノ利益上ニ關シ公正ニ之ヲ使用スレハ有益ナルモノナレ𪜈一度ヒ其使用ヲ誤リ以テ自ラ利スルノ計ニ出ルキハ其害實ニ恐ルヘキモノナリ

王ノ國會ニ對シテ其權利ヲ使用スルヤ其術巧ナレハ則チ

國會ノ精神ヲ變シ反對者ニ代フルニ專ラ政府ノ意見ヲ贊成補翼スルノ立法家ヲ以テスルヿヲ得ヘシ唯此目的ヲ達セント欲セハ愼ンテ此權利ノ濫用ヲ避ケサル可ラス故ニ元老議官ヲ增員スルヿ其度ニ過レハ則チ上院ノ怒ヲ招クノ患ナキヲ得ス何トナレハ凡ソ榮譽ハ之ヲ共有スル者愈々多ケレハ愈々其品價ヲ下スヘキヲ以テ元老院議官ノ如キハ其同僚ノ增加スル每ニ必ス其心ニ快シトセサレハナリ又國會ノ解散ハ常ニ代議士ヲシテ再撰擧ヲ受ケシムルモノナレハ或ハ人民ヲ鼓舞シ政事上ノ熱心ヲ激發セシメ非常ノ動搖ヲ起シ來リテ大ニ政府ヲ害スルヿアリ而シテ若シ夫ノ查理(チャーレス)第十世カ千八百三十年ニ於テ其所見ヲ誤リ

國勢ノ眞相ヲ察セスシテ民撰議院ヲ解散シタルカ如キヿアレハ議員ノ再撰ニ當リタル者ハ啻ニ從前ノ代議士ト異ナラサルノミナラス却テ政府ノ代議士ヲ信用セスシテ其刻薄ノ手段ニ出テタルヿヲ憤リ愈々其反對ノ志ヲ固フシ益々激シテ政府ニ抵抗スルニ至ルヘシ加之其新撰ノ代議士ハ再撰擧ニ於テ更ニ氣力ヲ增加シタルヲ以テ其勢ノ猛烈ナルヿ當ル可ラサルハ必定ナリ是ニ由テ之ヲ觀レハ國王ハ最モ其權利ノ使用ヲ愼マサル可ラサルナリ

第二章　法律發議ノ權ヲ論ス

憲法第十五條ニ曰ク法律發議ノ權ハ王ト元老院及代議院ト共ニ之ヲ有ス

凡ソ立法權ヲ執行スルニ其權力ヲ分タスシテ之ヲ一手裡ニ委スルトキハ其掌握者ノ一個人若クハ名望位階アル者、又ハ人民タルニ關ラス必ス弊害ヲ生スルノ恐アリ蓋シ其皮相ニ就テ觀察ヲ下セハ弊害ヲ生セサルカ如シト雖モ到底之ヲ生スルヲ免レス而シテ其弊害タル民政ノ國ニ在テ最モ甚シトス夫レ人民、國ハ大權ヲ掌握スルヤ實力ト權利トヲ併有シ天下能ク其權利ヲ制限シ其實力ヲ抑制スル者ナキカ故ニ往々自己ノ利益ヲ計ルヲ以テ一國ノ主義トシ自

己ノ好欲ヲ以テ社會ノ通義トシ敢テ他ノ主義好欲ヲ顧ミスル獨リ其希望スル利益ノ有無ヲ以テ正不正ノ區別ヲナスニ至ル然レ𪜈立君政治ニ至テハ大ニ之ニ異ナルモノアリ抑モ帝王ノ人民ヲ統治スルノ權ハ畢竟人民ノ默許ニ出ルカ故ニ永ク其權威ヲ保タント欲セハ必ス正理公道ノ原則ヲ顧慮シ以テ之ニ從ハサルヲ得ス若シ然ラスシテ專ラ其意思ヲ以テ恣ニ政令ヲ施ストキハ忽チ叛亂ノ危險ヲ免レサルナリ之ヲ歷史ニ徵スレハ專制ノ最モ行ハルヽ所ハ貴族政體若クハ立君政治ニアラスシテ却テ民主政治ニ在ルヿヲ知ル可シ之ヲ要スルニ何レノ國ニ於テモ立法權ヲ分タズシテ之ヲ一手ニ委スル時ハ其權ヲ掌握スル者忽チ專橫

ニ流レ己レノ好欲ニ隨テ政治ヲ施スニ至ルノ弊ニ陷リ易キヲ以テ立法ノ權ハ必ス之ヲ分タザル可ラス古人ハ深ク此傾向アルヿヲ慮リ立法權ヲ分割シ以テ之ヲ制限シタリ殊ニ往昔ノ共和政體ニ於テハ法律發議權ト其可否權トヲ分チ以テ此目的ヲ達セントセリ故ニソロンハ「アテーヌ」ノ法ヲ制スルニ當リ法律發議ノ權ヲ以テ國中ノ最富有者ヨリ組織セル五百名會院ニ委付セリ又羅馬ニ在テハ立法權ヲ割テ元老院及ヒ人民ニ分委シ法律發議權ハ獨リ之ヲ元老院ニ屬シ法律不認可權ハ之ヲ人民ニ附シ以テ立法權ヲ限制セント試ミタリ蓋シ人民ノ毎ニ其心ニ快カラサル所アルハ即チ其通情ニシテ而〆其不快ハ果シテ那邊ヨリ來ル乎ハ

往々之ヲ詳ニセス是ヲ以テ朝暮國家ノ制度ヲ變換シ其疾ヲ治セシトスルモ一モ爽快ヲ覺ユルコナシ故ニ益々奮激シテ益々政體ノ變革ヲ熱望スルノ情アルナリ是レ古今ヲ問ハス人民ヲシテ法律發議ノ權ヲ有セシメサル所以ナリ」近世王權政治ノ其勢力ヲ歐洲ニ得ルニ及ンテ法律ノ制定上ニ無限ノ權ヲ施セシ者ハ人民ニ在スシテ君主ニアリ而シテ其狀勢ハ恰モ往昔ノ人民ガ法律制定ノ全權ヲ掌握シテ國政ヲ恣マヽニシタルニ異ナラス終ニ法律ハ帝王ノ發議ニ係ルニ非サレハ之ヲ法律ト認メサルコトナリ從テ法律制定權ハ君主固有ノモノハト見做スニ至レリ是ヲ以テ州會アルノ政體ニシテ君權ヲ制限スルモノト雖モ人民ハ

尙ホ請願ト諫諍トノ外ニ權利ヲ享有セサリシナリ輓近數世紀ノ間ニ於テ立法權分割ノ實跡ヲ著ハシタルモノハ獨リ英國アルノミ然レ𪜈英國憲法ハ歐洲大陸諸國ト甚タ其趣ヲ異ニスルヲ以テ當時英國ノ制ニ倣ハント欲スル者ハ絕ヘテ之レ有ラサリキ

然ルニ佛國革命亂ノ起ルニ及ンテ社會ノ風潮、人心ノ針路ハ全ク往昔ト其趣向ヲ異ニシ人民稍々君主ノ權利及ヒ政體ノ主義ヲ論議スルヿトナルニ至レリ然レ𪜈當時法律發議權ノ事ニ關スル法律ハ尙ホ其宜キニ適スルヿヲ得ス即チ法律制定ニ參與スルノ權ヲ以テ均シク立法權ノ各部員ニ分委セス古例ニ倣ヒ法律發議權ト其可否權トノ間ニ一

大線ヲ畫シ以テ之ヲ分ツヘキモノトシ此兩權ハ全ク性質ヲ異ニシ到底同一ノ集合即チ一手ニ之ヲ併有セシムルヲ得サル者ト確信セリ爾來政治上ニ經歷ト研究トヲ重ネテ漸ク此說ノ非ニシテ全ク眞理ニ反對セルヿヲ發見シ遂ニ眞正ノ主義ヲ確定シ之ニ據テ千八百三十年ノ憲法ヲ編成スルニ至レリ

佛國ノ如キ代議政體ニ於テ立法權ヲ割テ君主ト代議士ニ之ヲ分有セシムルヤハ即チ其發議權ノ執行ニ於テ三樣ノ方法アリ一ハ君主其權ヲ獨有スルヿ一ハ代議士之ヲ獨有シ王特ニ之カ可否ヲ決スルノ權ヲ有スルヿ一ハ王ト代議士ト共ニ新法發議ノ權及ヒ從來存在スル法律ヲ變更シ若

クハ之ヲ廢止スルノ權ヲ有スルコト是ナリ、

千七百九十一年ノ立憲議會ハ王ヲシテ惡事ヲ行ハシメスト稱シテ漸次ニ其權利ヲ減殺シ其極遂ニ王ヲシテ善事ヲモ爲スヲ得サラシムルニ至レリ其所爲ヲ觀レハ法律發議權ヲ以テ專ラ代議士ニ委シ王ハ纔カニ之ヲ可否スルヲ得ルニ止リ其不認可權モ單ニ議會ノ決議ヲ中止スルノミニシテ其効力ハ爾後開設スル所ノ二會ノ外ニ出ルコトヲ得スト定メタリ且ツ王權ニハ一藩屏ヲモ與ヘスシテ常ニ一局議院ノ攻擊スル所ト爲ラシメ代議士ニハ其專橫ヲ許シ恣ニ王權ヲ壓倒スルモ其爲ス所ニ任スルノ制度ト爲シタレハ王權衰滅ノ遠キニ非サルヘキハ智者ヲ待テ後ニ知ラサル所

ナリキ

英國王モ亦不認可權ヲ有スルニ過キサレモ其權タル固ヨリ無限ニシテ加フルニ上院ハ設アリ以テ王家ノ藩屏トナリ以テ王權ノ保護ヲ爲シ且宰相等モ國會ニ出席シテ發言投票ヲ爲スノ權ヲ有スルニ因リ亦其名ヲ以テ法律ヲ發議シ王家ノ爲ニスルヿヲ得ルナリ之ニ反シ佛國ノ憲法ハ王室ヲ尊信セサルノ精神ヨリ制定シタルモノニ係ルカ故ニ王ヲシテ其宰相ヲ國會中ニ出席スルヿヲ得セシメサルニ因リ王ハ啻ニ發議ノ權ヲ有セサルノミナラス毫モ法律制定ニ參與スルノ道ヲ得サルニ至レリ故ニ王ハ國會ヨリ提出スル所ノ法案ニ對シテ意見ヲ吐露シ是非ヲ討論スルヿ

ヲモ爲シ得ス唯々諸々國會ニ於テ制定スル所ノ法律ヲ批准シ之ヲ頒布執行セサルヲ得サルヿト爲レリ此ノ如キ制度ヲ成シテヨリ終ニ不幸ナル結果ヲ生シ慘刻ナル苦痛ヲ國家ニ與ヘタルヲ以テ人民ハ深ク之ニ懲リ王政復興ノ時ニ及ンテハ決シテ前轍ヲ履マサルヿヲ計圖セリ然レモ一方ノ極點ヨリシテ忽チ又反對ノ極點ニ奔馳スルハ事物反動力ノ常態ニシテ佛國モ亦タ之ヲ免レス千八百十四年ブールボン家再興シ路易十八世ノ其臣民ニ憲法ヲ頒布スルニ及ンテハ法律發議ノ權ヲ君主獨有ノモノト爲リ國會ハ毫モ之ヲ分有スルヿヲ得サルモノトセリ此條欵ニシテ充分其効ヲ奏セント欲セハ那破崙ノ例ニ倣ヒ國民ノ代議士ヲ

以テ皆啞漢ト爲サヽル可ラス但シ君主ヨリ提出スル所ノ法案修正ハ權利ヲハ仍ホ未タ全ク代議士ヨリ沒取スルニ至ラサリシニ由リ國會ハ間接ノ發議權ヲ有シ往々此權ヲ害用シテ法律中ニ其法律ト毫モ相關セサル所ノ條欵ヲ設ケンヿニ盡力シ之カ爲メ王ト國會トノ間ニ紛爭常ニ絶期ナク數々不幸ナル結果ヲ惹起スルニ及ヘリ又タ法律發議ノ權ヲ擧ケ專ラ之ヲ君主ニ歸スル𪜈ハ君主ハ唯其權利ヲ强盛ニスルヿニ汲々シ敢テ人民ノ利益ヲ顧ミサルノ弊ニ陷リ易ク而シテ代議士ハ王ノ注意ヲ喚起スヘキノ効ヲ奏スヘキ手段ヲ有セサルナリ

且夫レ政治、法律ハ人智ノ進步ト風俗ノ開明トニ從ヒ漸次

ニ之ヲ改良セサル可ラサルモノナリ然ルニ法律發議權ヲ以テ獨リ君主ノ專有ニ歸スルトキハ君主ハ勉メテ已レニ不利ナル法律ノ發議ヲ避クルコトヲ得ルカ故ニ最大ナル弊害ト雖モ人民ハ之ヲ矯正スルニ術ナク止ムヲ得スシテ其傾向スル所ニ任セサル可ラス假令宰相若クハ政府ノ僚吏等憲法ニ悖戻スルノ行事アリト雖モ之ヲ如何トモスルヲ得サルナリ或ハ利益ヲ剝奪セラレタルカ爲メニ之ヲ裁判所ニ訴ヘ其權利ヲ伸暢セシモノナキニ非スト雖モ裁判官ハ往々怯弱ニシテ嘗ニ顯官高位者ヲ糺彈スルノ氣力ニ乏キノミナラス政典ニ據リテハ此法庭ニ訴フヘキノ事件モ或ハ無効ニ屬シ或ハ爲スコトヲ得可ラサルニ歸スルモノアル

ナリ

當時ノ宰相ハ公然憲法ニ悖戾スルヿナカリシモ冥々裏ニ於テハ常ニ之ニ背違シ法律ノ施行甚タ其宜キヲ得サルカ爲ニ弊害百出、殆ント名狀ス可ラサルノ情勢ナリシヲ以テ代議院ハ屢々其弊害ノ矯正セサル可ラサルヿヲ建言シタレモ宰相ハ徒ニ空約ヲ結フノミニシテ敢テ之ヲ履行スルヿヲ爲サス代議士ノ內閣ニ諫諍スルモノアレハ宰相ハ每ニ破ル可ラサル障碍物卽ナ不動力（何事ヲモ行ハサルノ義ナリ）ヲ以テ之ニ應セリ

此ノ如キ不良ノ制度ヲ以テ國ヲ治ルヿ四十年終ニ君民ノ兩權ヲ併セテ保護ス可キ中正主義ヲ採用シ千八百三十年

ニ至リ此主義ニ基キテ憲法ヲ改正シ其第十五條ニ於テ法律發議權ハ王ト兩院ト之ヲ共有スヘキコト定メタリ此條欵タル實ニ憲法ノ主眼ニシテ其全體ノ精神ハ之ニ由テ變換シ政府ノ性質モ亦之ニ由テ確定セシナリ

法律發議權ヲ以テ一度ヒ王ト兩院トノ共有ニ歸シタル後ハ一切ノ法律内閣ノ發議ヲ待ツヲ要セスシテ元老議官及ヒ代議士ヨリ發議スルヲ得ルガ故ニ各元老院議官及ヒ代議士ハ常ニ國政ニ注意シ若シ之ニ弊害アルヲ認ルトキハ即チ其匡正ヲ期望スルヿヲ得ベク人民ノ自由或ハ毀傷セラル、アランカ兩院一度ヒ其權利ヲ使用シ得ルノ日ハ容易ク之ヲ矯正スルヿヲ得ルナリ

且夫法律發議權ノ分與ハ國家艱難ノ場合ニ際シ却テ王室ニ利スルヿアリ例ヘハ一ノ法律ヲシテ一層嚴酷ナラシムルヲ要スルノ時ニ當リ代議士自カラ危害ノ防止スベキモノアルコトヲ擧ケ其方法ノ設ケサル可ラサル所以ヲ論スルキハ人民亦安ズル所アリテ其法案ニ疑ヲ容ルヽヿ深カラズ從テ其法律ヲ非毀シテ人民ノ自由及權利ヲ犯ス者トシ之ヲ擯斥スルヿ亦太甚シカラサルヘシ凡ソ在上者ノ人民ニ接スルヿ愈々近密ナレハ其痛苦、希望需要等ヲ知ルハ愈々明カナルノ理ナリ而シテ夫ノ代議士タル者ハ國民ノ一部分ニシテ均ク一國ノ同一臣民ナレハ法律ノ説明及其施行又ハ人民ノ狀態等ニ關シテ能ク之ヲ熟知シ若シ之ニ弊害

ノ存スルアレハ親シク其實況ヲ目擊スルヲ得ルヲ以テ下情ヲ上達セシムルヲ得ベク又帝王ノ聰明ヲ開發セント欲スレハ之ヲシテ充分ニ其國家ニ有益ナリト思量スル所ノ法律ヲ發セシムルヲ得ヘシ之ニ反シテ王ハ高尙ノ地位ヲ占メ人民ト相距ルヿ甚タ遠ク九重ノ內ニ深拱スルヲ以テ親シク人民ノ言フ所ヲ聽キ審カニ其痛苦希望等ヲ察セント欲スルモ亦容易ナラサルナリ然レモ國家ノ大勢ヲ察シ法制ノ綱領ヲ持シ國家ノ安寧ニ關シ必要ノ改良ヲ計畫スル等ノ事ニ至テハ決シテ君主ニ及フ者アラサルナリ蓋シ君主ハ統計書類ト經歷實驗ノ嚴識及諸般ノ事業ヲ分擔スル官吏等ノ如キ他人ノ有スル能ハサル所ノ利益ヲ具有ス

ルヲ以テ法律ノ案ヲ起スニ於テモ亦能ク一事ヲ以テ專職トシテ之ニ通曉セル人材ヲ使役スルノ便アリ即法案編纂ノ委員ハ最モ法律政治ニ精シキ者ヲ以テ之ヲ組成スルヲ得ルカ如キ是レナリ是ヲ以テ內閣ニシテ巧ミニ此等ノ便益ヲ利用セハ彼ノ徒ラニ名聞ヲ希ヒ人望ヲ得ントスルノ目的ヲ以テ其道ニ精シカラサルニモ拘ハラス濫ニ實際ノ施用ニ不便ヲ生ス可キ法律ヲ提出スル所ノ議員等ハ自ラ恥テ口ヲ箝ミ已ムヲ得サル場合ニ際スルニ非レハ其發議權ヲ使用スルノ念慮ヲ絕ツニ至ルヘキナリ

人民ノ自由ニ於テ最モ必要ナル代議士ノ發議權ハ則チ前述シタル所ノ如シ是ヨリ將ニ端ヲ改メ王權ニ必要ナル君

主ノ發議權ヲ說述セントス抑國會ハ常ニ專横ニシテ跋扈ヲ恣マヽニセント欲スルノ精神ヲ具フルヲ以テ動モスレハ王權ヲ減縮シテ已レノ權威ヲ擴張セントスルノ傾向ナキヲ得ス故ニ王權ヲ以テ民主政治ニ抵抗シ永ク立君政體ヲ保存シテ諸政權ノ平均ヲ維持セント欲スレハ必ス王ニ附スルニ發議ノ權ヲ以テシ之ヲシテ好機ニ乘シ其嘗テ失フタル所ノ權利ヲ回復スルヿヲ得セシムル所ナカル可ラス

夫レ千八百三十年ノ憲法ハ王ニ附スルノ發議權頗ル狹隘ナル區域ニ超ヘサリシモ尚ホ王ヲシテ此權ヲ使用シテ其効果ヲ收ムルニ充分ナル便益ヲ得セシメタリ是ヲ以テ王

ハ一ノ法案ヲ提出スルノ後ト雖𪜈尚ホ之ヲ廢シ又ハ之ニ修正ヲ加ヘテ再ヒ之ヲ提出スルヿヲ得タリ且宰相ハ國會ノ議員タルト否トヲ問ハス議事ニ參與シ又ハ適當ナリト思量スル時ハ發議ヲ爲スヲ得タルナリ

英國ニ於テハ王ノ發議權ヲ施行スルヿ間接ナルモノハトス元來憲法ニ據レハ王ハ發議權ヲ有セスト雖𪜈國會ニ於ケル政府黨ノ代議士及ヒ宰相等ハ王室ニ關スル事項ニ就テ上院若クハ下院ノ議員タル資格ヲ以テ動議ヲ起スノ權利ヲ有スルニ依リ恰モ王自ラ發議權ヲ有スルト同一ナリ之ニ反シ佛國ニ於テハ宰相ヨリ國會ニ提出スル諸般ノ法案ハ即チ王ノ名ヲ以テスルノ法ニシテ凡ソ法律ノ發議ニ

威重ナル勢力ヲ有セシムルモノハ此法ヲ以テ第一トス實ニ此法ニ據ル時ハ法案ハ一個人ノ意見ニ出テタルニ非スシテ内閣總體ノ意見ニ出タル者ナリ加之王ハ獨リ其法律ヲ發議シタル宰相ヲシテ國會ニ出席セシムルノミナラス又其議ヲシテ明晰ナラシムルニ足ルノ才識ヲ具ヘタル委員ヲ國會ノ外ニ撰ヒ之ヲシテ國會ニ出席セシメ以テ議論ヲ維持スルノ特權ヲ有セリ然レモ王ノ名ハ一モ人民ノ口頭ニ上ルコトナキヲ以テ假令ヒ法案ノ廢棄セラルヽコトアルモ敢テ王位ノ尊榮ヲ害スルノ患ナキナリ

又宰相ノ法案ハ會議ニ附セントスルニ當リ先ツ之ヲ上院ニ附スルモ又ハ之ヲ下院ニ附スルモ唯其隨意ニ在リトス

此權利タル皮相ノ見ヨリシテ觀察ヲ下セハ敢テ緊要ナラサルカ如シト雖𪜈其實重大ナル結果ヲ含蓄スルモノナリ其故ハ一議院ノ代議士或ハ情慾ノ誘フ所トナリ或ル法案ニ反對スルヿアリ而シテ事理ニ通曉セサルノ公衆ハ此論議ニ瞞着セラレテ均シク之ニ不同意ヲ表スルヿ無キニ非ス是ヲ以テ豫メ公平無私ノ議院ニ下シテ先ツ其討議ヲ盡サシメ以テ輿論ヲ表明スルハ王家ニ於テ極メテ緊要トスル所ナリ然レ𪜈此原則ニ付キ爰ニ一ノ例外アリ即チ租稅ニ關スル一切ノ法案ハ下院ニ於テ豫メ之ヲ議スルヿ是ナリ此條欵タル元來之ヲ英國憲法ニ採リタルモノナリ英國ニ於テハ從來其民ヲ貴族僧侶平民ノ三階級ニ區別シ貴族僧侶

ハ一切ノ租税ヲ免セラレタリシヲ以テ敢テ租税ノ事ヲ議スルニ必要アルヲ見ス獨リ國家ノ租税ヲ負擔セル平民ノ代議士ノミ之ヲ論議スルノ例ナリシカ今ヤ此理由ハ既ニ消滅シタルニ尚ホ此憲法ノ條欵ヲシテ存セシムルモノハ亦他ニ事故アルニ因ルナリ即チ歳出入ニ關スルノ制法ハ社會ノ貧富、及法律、自由等ノ問題ニ關係ヲ有シ人民ノ最モ重大ナル利害ハ一モ之ト脉絡ヲ通セサル者ナク國民ノ爲ニハ最モ緊要ナル事項ナルヲ以テ人民ヲシテ熟慮審議セシメンカ爲ニ先ツ之ヲ下院ニ附シテ以テ之ヲ討論セシムルモノナリ

明治十五年十一月廿一日出版版權屆
全部二十冊ノ内第二冊迄發兌
以下每月二冊宛出版

每冊定價金拾七錢五厘

東京京橋區八官町十九番地
御用印行所　忠愛社

同芝區三島町
山中市兵衛

賣　同京橋區南傳馬町二丁目
穴山篤太郎

同日本橋區通三丁目
丸屋善七

弘　同日本橋區本町三丁目
原亮三郎

書肆

同神田區雉子町　巖々堂

同神田區小川町六十二番地　西村兒一

西京寺町　福井孝太郎

大坂南區二ツ井戸町　藤原熊太郎

屋張名古屋　永樂屋東四郎

箱館地藏町　修文堂

新潟竹川町　京文社

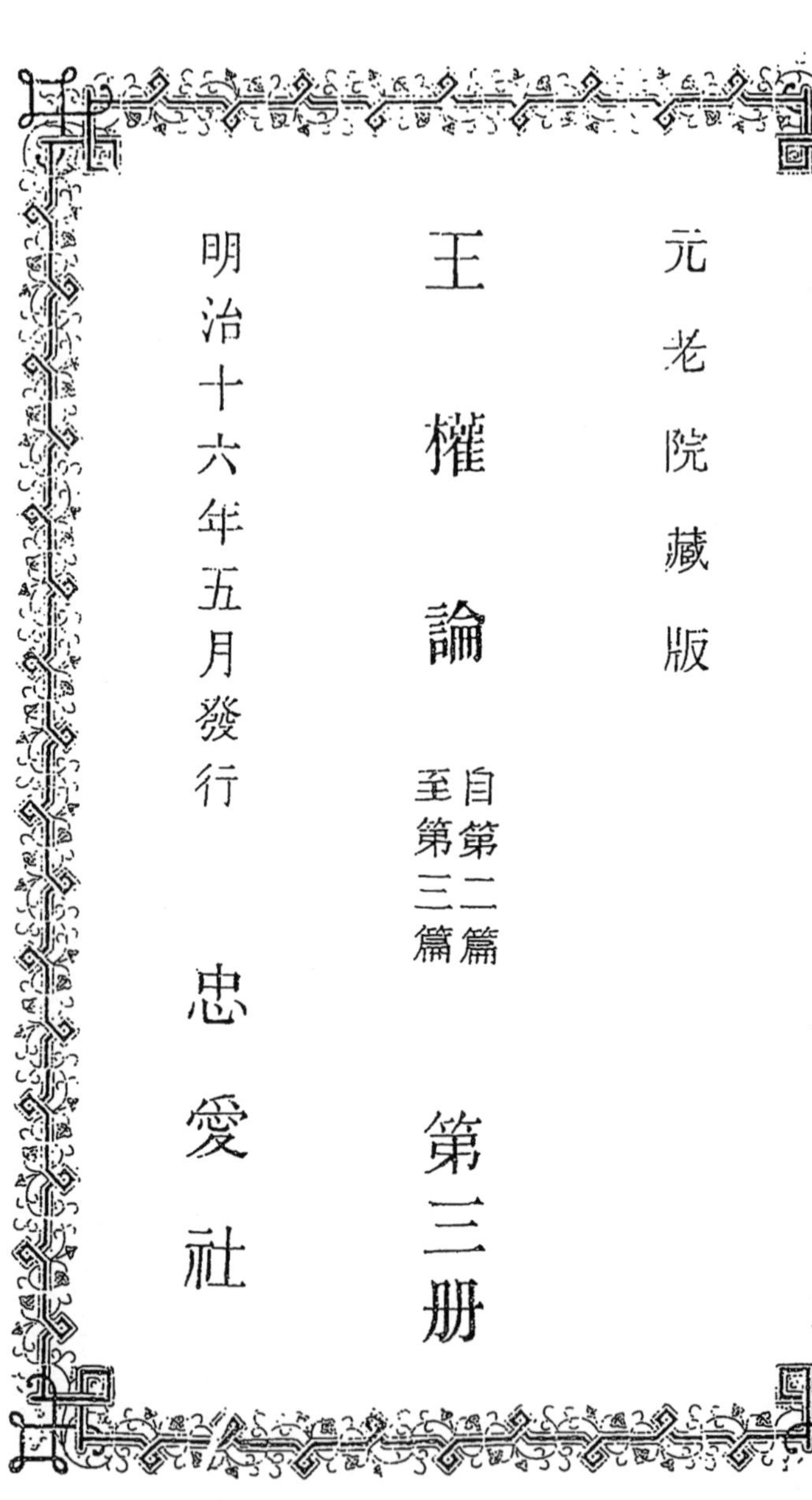

元老院藏版

王權論

自第二篇至第三篇

第三册

明治十六年五月發行

忠愛社

元老院藏版

王權論

自第二篇
至第三篇　第三冊

忠愛社

王權論卷三

目次

王權論卷三

佛國　ロリユー　著
日本　丸毛直利　譯

第三章　法律ノ批准頒布及ヒ告達ノ事ヲ論ス

憲法第十八條ニ曰ク法律ヲ批准頒布スルノ權ハ君主之ヲ獨有ス

法案ヲ國會ニ提出スルノ權ハ國會ノ享有スル所ニシテ元老院議官及ヒ代議士ハ各自君主ト同シク法案ヲ提出シ以テ三大權（即チ君主ト兩議院ヲ云フ）ノ注意ヲ喚起スルコヲ得是レ千八百三十年ノ憲法ニ於テ認定シタル所ナリ然レモ三大權各

個ノ職務ハ法律ノ制定ニ關シテ各同シカラズ法律ヲ發議スルノ一點ニ就テハ君主兩議院各其職務ヲ同フスト雖モ法律ノ制定ニ關シ君主ノ有スル所ノ權ハ獨リ發議ニ止マラス尚ホ兼テ之ヲ批准スルモノナリ是ヲ以テ國會ノ審議ヲ經、全會ノ贊成ヲ得レハ即チ一法案ヲ可決セラルト雖モ君主ハ尚ホ之ヲ廢棄スルヿヲ得ルナリ抑モ君主ノ此權タルヤ君主ノ名ヲ以テ法案ヲ發議スル場合ニ當テハ法律制定ニ關シ實ニ發議批准ノ兩點ニ渉ル者ニシテ畢竟發議不認可ノ複言ヲナスニ異ナラス國會ニ於テハ一議院ヨリ法律ヲ發議シ他ノ議院之ニ修正ヲ加ヘ而ル後之ヲ前キノ議院ニ返付スルカ如キ場合ノ外ハ同一ノ議案ニ就テ再度ノ

討議ヲ開クヿ能ハサルナリ君主ニ至テハ然ラス自ラ法律ヲ發議シ之ヲ國會ノ議事ニ附シテ既ニ可決セラレタル後ト雖𪜈尚ホ之ヲ廢棄スルノ權ヲ有スルナリ例ヘハ國會ニ於テ法案ヲ討議スルニ當リ其弊害ヲ發見シタル場合ノ如キ是ナリ

斯ノ如ク君主ノ權ハ國會ノ得テ有セサル所ナリト雖𪜈亦國會ノ權ハ君主之ヲ有セサルモノアリ即チ國會ハ君主ヨリ提出シタル法案ニ修正ヲ加ヘ之ヲ變更スルノ權アリト雖𪜈君主ニ至テハ國會ノ決議ヲ經タル法案ニ對シ全案ヲ裁可スルカ之ヲ廢棄スルカ必ス其一ニ出テサル可カラス是レ憲法ヲ以テ國會ノ發議權ニ勢力ヲ與ヘ不認可ニ關ス

ル王權ヲ限制スル所以ナリ夫レ然リ法案ノ批准ニ關シ制限ヲ設ケ其一部ヲ變更シテ之ヲ國會ニ返付スルヿヲ得ス必ス單ニ之ヲ裁可スルカ若クハ之ヲ廢棄セサル可ラサルヲ以テ美ヲ棄ルニ非ラサレハ則チ醜ヲ採ラサルヘカラス夫レ已レノ欲セサル所ヲ諾スルハ心ニ慊カラサルモノナリ然レトモ又一寸ノ朽處アルヲ以テ一尺ノ良材ヲ棄ツヘカラズ是ニ由テ之ヲ觀レハ代議士ニ發議權ヲ與ヘタル上ハ君主ノ不認可權ハ毫モ其効ナク假令ヒ法律上ニ於テハ君主ハ其寶位ヲ傷ケ王室ヲ害ス可キ法案ヲ廢棄スルヲ得ヘキモ實際ニ於テハ充分ニ此權ヲ履行スルヲ得サルナリ

蓋シ立憲王政ノ國ニ在テ君主タル者ハ能ク公議輿論ノ効

果ヲ慮ラサルヘカラス故ニ君主ノ國會決議ヲ廢棄スルノ權アルハ固ヨリ疑ヲ容レスト雖𪜈國會ニ於テ沈重着實ナル討議ヲ經テ正理ニ適ヒ時勢ニ合セリト議決シタル法律ニ對シテ漫ニ王權ヲ張ラントスルハ甚タ危險ノ行爲ニシテ若シ過テ之ヲ濫用スルヰハ施政上ノ障害ヲ惹起シ之カ爲ニ國會ニ刺激ヲ與ヘ終ニ王家ヲ信スルノ念ヲ薄フスルノ恐レアルヲ以テ君主ノ不認可權ハ其中止ト廢棄トヲ問ハス往々或ハ同一ノ結果ヲ生スルニ至ラントス即チ君主ハ輿論ト議院トヲ敵トシ到底自ラ一歩ヲ讓リテ國會ノ希望ヲ達セシムルカ然ラスンハ國民激動ノ變ヲ見ルニ至ルヘシ八月十日七月廿五日ノ殷鑑豈ニ深ク鑒ミサルベケンヤ是

故ニ王權ナシテ若シ一局議院ト對峙セシメントスレハ必ス王家ニ危難ヲ來スヘキハ豈ニ昭々タル事蹟ニアラスヤ」代議王政ノ國就中佛國ニ於テ人民ト王室トノ間ニ起レル軋轢ヲ調停スルカ爲メニ立法部中三權即チ君主ト兩院ヲ分設シタルハ則チ此經驗アルニ據レリ抑モ甲乙各其利害ヲ異ニシテ其間ニ紛議ヲ生スルトキハ必ス中裁者ノ之ヲ和解スル者ナカルヘカラス政治上ノ紛議ニ至テ豈ニ獨リ其爭ヲ中裁スル者ナクシテ可ナランヤ是レ憲法ニ於テ君主ト代議院トノ間ニ元老院ヲ設置シ以テ能ク上下ノ權衡ヲ維持スル所以ナリ夫レ人民ノ欲ハ無限ニシテ貪饕飽クヿヲ知ラス而シテ其代議士タル者ハ之カ歡心ヲ買ンカ爲メ常ニ之ニ

諂ヒ之ニ阿リ勉メテ王權ヲ減殺セント欲スルカ故ニ動モスレハ君民ノ間ニ爭論ヲ生ス若シ中裁人ノ其間ニ居ルナクンハ其結果ハ恰モ雙虎ノ鬪フカ如ク一虎斃レサレハ互ニ其噬攫ヲ止メサルヘシ是故ニ代議士ノ擧動若シ過激ニ失スレハ元老院ハ其發議ヲ却ケ其請求ヲ拒ミ一方ニ於テハ君主ヲシテ不認可ヲ爲スノ困難ニ陷ラサラシムルナリ是ヲ以テ代議士ハ常ニ元老院ノ排斥ニ遇ハンヿヲ恐レ敢テ不當ノ請求ヲ爲サス是レ元老院ノ設置ハ未タ其職權ヲ施行セサルモ既ニ其効果ヲ奏スルモノアリト謂フヘシ且斯ノ如ク兩議院ノ間ニ權力ヲ分配スレハ其連合シテ王室ヲ攻擊スルカ如キハ萬憂慮スルニ足ラサル所ナリ

元老院ヲ設置スルノ主旨ハ固ト此ノ如シト雖モ元老院モ亦自ラ其發議權ヲ使用シ却テ王室ノ不利ヲ釀成シ或ハ人民ノ禍害ヲ惹起スルコトナシト云フ可カラス此時ニ當テハ君主及ヒ代議院ハ更ル々々中裁ノ事ヲ爲シ其弊害ヲシテ太甚キニ至ラサラシム夫レ政權ノ權衡ニ依テ偏重ノ害ヲ防キ以テ代議政體ノ基礎タル謙讓ノ精神ヲシテ能ク政權ヲ管理セシムルハ則チ此圓滑ナル政機ノ運用アルニ由ルナリ

茲ニ世人ノ注意ヲ喚起スルニ足ルヘシト思惟スルノ一問題アリ即チ君主ハ幾時間ヲ限リ國會決議ノ法案ヲ批准スヘキ乎ノ問題是ナリ英國ニ於テハ此事ニ關シテ一定ノ規

則アリ即チ英皇ハ遲クモ巴力門會期ノ季日ニ至テハ諸法案ヲ批准セサルヘカラサルモノトセリ佛國ニ於テハ千八百十四年ノ規則アリト雖モ別種ノ慣例其常トナルヲ以テ最モ重要ナル法律モ閉會ノ後チ久キヲ經テ始テ其批准スル所トナルモノアリ是レ一ノ不便ニシテ亦其流弊ノ生スルヲ免レス抑々法律ハ三大權ノ相合シテ造爲制定スル所ニ係ルモノナルニ其制定ニ參與スル兩議會既ニ去ルノ後ニ至テ初テ其頒布ヲ見ルハ豈ニ不都合ノ事ナラスヤ加之時勢ノ變遷モ亦測ルヘカラサルヲ以テ官省ノ變革若クハ其他不慮ノ事件等發生シテ其法案ヲ可決セシメタル理由ヲ消滅スルヿアランニハ國會ハ其法律ヲ可決シタル所以

ノ理由消滅シタルノ日即チ反對ノ決議ヲ爲スベキノ時ニ至リ始テ其批准ヲ得ルカ如クンハ固ヨリ其不平ヲ鳴ラスベキノ情理ヲ有スルナリ故ニ吾輩ヲ以テ之ヲ觀レハ法律ノ批准ハ千八百十四年ノ規則及ヒ英國ノ慣例ニ從フヿ最モ其當ヲ得タルカ如シト雖𪜈今日ノ代議士ヲ觀ルニ此規則ヲ履行セスシテ反テ今ノ慣例ヲ是認スル者ノ如キハ亦怪シムニ堪ヘサルナリ

蓋シ國會ノ事業ハ其閉會ノ後ト雖𪜈尚ホ全ク無効ニ屬セサルノミナラス一度ヒ法案ノ審査ヲ畢リ其報告ヲ經レハ假令ヒ閉會ニ至ルモ其次會ニ於テ更ニ委員ヲシテ該案ヲ審査セシムルニ及ハズ直ニ前會ノ討議ヲ續テ議事ヲ開ク

ヿヲ得ルナリ是ヲ以テ君主ハ國會閉鎖ノ後久キヲ經テ決議ヲ批准スルモ未タ嘗テ之ニ不平ヲ懷ク者アルヲ見サルナリ然レドモ吾輩ハ批准ノ時日ヲ限リ前會既決ノ案ハ再ヒ特ニ其議事ヲ開クニアラサレハ次會ニ及ンテ之ヲ批准スルヿヲ得ベカラスト定ムルハ最モ正確ノ制ナリト思惟スルナリ

凡ソ法案ハ君主ノ裁可ヲ得テ其鈐璽ヲ得ルニ至リ始メテ完成スルモノナリ然レドモ獨リ是ノミニ止ムルトキハ法律ハ尚ホ未タ活動ノ生氣アリトスヘカラス所謂死文徒法タルニ過キサルナリ格言ニ云ク天下何人カ法ヲ知ラサランヤト然レドモ此格言ヲ實行セント欲セハ先ツ各人ヲシテ十分

法律ヲ知領セシメサルヘカラス苟モ其然ルヲ欲セハ立法官ト人民トノ間ニ氣脉ヲ相通セサルヘカラス未タ法律ノ存在スルヲ知ラサルノ人民ヲシテ先ツ之ヲ遵奉セシメント欲スルハ難シ而シテ之ヲ知ラシムルノ方法ハ他ナシ即チ頒布告達ノ二事是レナリ頒布告達ハ立法官音聲ノ影響ニシテ則チ人民ヲシテ法律ノ存在ヲ知ラシメ且法律遵奉ノ義務ヲシテ愈々重カラシムル者ナリ故ニ批准頒布告達ノ三者ハ法律上或ハ之ヲ混淆スルヿナキニアラサルモ其實ハ全ク相異ナリタル所ノ者ナリ

批准ハ法律ヲ完備スルニ必要ナル最後ノ事業ニシテ其事タル國會ノ決議ニ王其同意ヲ表スルニ在リ法律施行時日

ノ定マルモ亦此ノ批准ニ基ケリ是レ法律ノ完備ハ批准ノ日ニ始マルヲ以テナリ若シ又議決ヲ廢棄セント欲スル𪜈ハ王當ニ之ヲ熟思スヘシトノ語ヲ以テ其意ヲ表明スルノ例トス而シテ此等ノ注意ヲ元老院ニ通セシムルニハ其議長ヲ以テシ代議院ニハ宰相ヨリ書ヲ其議長ニ寄セテ之ヲ通知ス是ニ由テ之ヲ觀レハ批准ハ即チ立法ノ事業ニシテ法律ノ制定ニ參與シ又法律ヲ制可シ若クハ之ヲ廢棄スルヿヲ得ルノ權利ト共ニ之ヲ行フモノナリ頒布ハ批准ト異ナリ行政ノ一事務ニ過キス抑一ノ法律既ニ存在スル𪜈ハ必ス人民ヲシテ之ヲ知ラシメサルヘカラス是ヲ以テ憲法ハ專ラ法律ノ施行ニ注意シ君主ニ奉スルニ此法律頒布告

達ハ權ヲ以テセリ左レハ法律ニ國璽ヲ鈴シテ公正ノ性質ヲ附スルハ君主ノ職ナリ小吏僚屬等ニ命令スルモ亦タ然リ此輩ニ向テ法律ヲ施行シ人民ヲシテ能ク之ヲ遵奉セシムベシト命スルモ亦タ獨リ君主ノ職ナリ是ニ由テ之ヲ觀レハ頒布ハ王自カラ國家ノ首長トシテ社會ニ法律ノ存在ヲ通知スルノ事ナリ是故ニ今日ニ至テハ此旨布告候事トハ例文ヲ以テ法令彙纂中ニ編入スルノミニテ既ニ法律ヲ頒布シタルヿトナレリ

又告達ハ全國ノ人民ニ法律ヲ通スルノ方法ニシテ此告達ノ至急ヲ要スル𪜈ハ縣令ノ注意ヲ以テ各縣ノ都市ニ之ヲ掲示スルナリ通常ノ場合ニ在テハ唯法令彙纂ノ中ニ之ヲ

編入刊行シ之ヲ配付スルノ單一手段ヲ以テ之ヲ行フノミ但シ檢事長ハ法庭ニ於テ該彙纂ヲ朗讀セシムルノ成規ナリト雖モ法律ヲ遵奉スベキ義務ノ性質ニ至テハ之カ爲ニ毫モ變スルヿアルナク法律一タヒ彙纂中ニ編入セラルヽトキハ何人タリモ皆之ヲ知ルベキヿト認ムルナリ

革命ノ際ニ當テハ告達ノ事ニ注意スルヿ最モ甚シク成ルヘク各人ニ法律ヲ知ラシメント欲スルニ因リ佛國內ノ各都邑ニ於テハ法律ヲ朗讀揭示シ又特ニ帳簿ヲ設ケテ之ヲ登記スルニ非サレハ其執行ノ効力ナキ者ト爲セリ然レモ此制（帳簿ニ登記スルノ制ヲ云フ）タル官吏ノ粗漏等ヨリシテ常ニ法律ヲシテ無効ニ歸セシメタルヿアリシヲ以テ更ニ他ノ方法ヲ

求メ遂ニ彙纂編入ノ方法ヲ用ユルニ至リシナリ然ルニ幾タモナク共和暦第四年収葡月十二日ニ至リ更ニ之ヲ改正シ朗讀掲示ヲ止メ凡ソ法律ハ之ヲ登載セル官報ノ各縣都市ニ達セル當日ヨリ之ヲ遵奉スヘシト定メタリ民法編纂モ亦此主義ヲ採用シテ凡ソ法律ハ塞納ニ於テハ官報ノ司法省ニ達シタル一日後ヨリ之ヲ遵奉シ他ノ地方ハ巴里ト其縣ノ距離十ミリヤメートル毎ニ一日ヲ増加シ其日限ノ盡ルニ及ンテ之ヲ遵奉スヘシト定メタリ然ルニ憲法ノ改正ニ因リテ法律ノ頒布告達ニ關シテ重大ナル不便ヲ生シタルヿアリ第八年霧月ノ憲法ニ依レハ政府ノ首長ハ獨リ發議ノ權ヲ有シテ批准ノ權ヲ有セサルナ

リ是レ國會ニ發議及修正ノ權ヲ有セシメサルヲ以テ君主ノ批准權ハ殆ント無用ニ屬シタルニ因ルナリ是ヲ以テ法律ハ國會決議ノ日ニ於テ完備シ十日ヲ經テ君主之ヲ頒布スルコトセリ此十日間ノ猶豫ヲ與フルハ「トリビユナー」ヲシテ憲法背戻ノ廉アレハ之ヲ元老院ニ告發セシムルニ在ルナリ斯ノ如キ制ナルヲ以テ法律ノ遵奉スヘキ効力ヲ生スルニ至ルノ日ハ世人豫メ既ニ之ヲ知レリ而シテ法案ノ國會ニ於テ議決セラルヽヤ新聞紙上ニ國會ノ決議ヲ經タル法案ヲ記載シ又其決議ノ時日ヲモ掲示スルヲ以テ世人ハ其十日ノ後ニ至テ法律ノ頒布ヲ前見スルコトヲ得ルモ法律ノ公布式ハ其官報中ニ登載スルニ在テ該報ノ司法省ニ

達スルニ及テ始メテ其遵奉スヘキ効力ヲ生スルノ例ナルカ故ニ世人ハ法案ノ果シテ官報ニ登載セラルヽヤ又其刊行ニ幾日ヲ要スルヤヲ知ル可カラサルナリ

第四章　法律說明ノ事ヲ論ス

夫レ立法官カ第一ノ目的トナシ最大ノ要務トスル所ハ其制定スル所ノ法律ヲシテ明晰確實ナラシムルニ在リ一國ノ法律ハ素ト其身ヲ法學ノ研究ニ委シタル者ト目ニ一丁字ヲモ解セサル所ノ人民トニ論ナク一般公衆ノ爲メニ設ケタルモノナレハ其用語ハ必ス簡ニシテ可成的其國民ヲシテ解シ易カラシメサル可ラス抑國民タル者ハ皆其國法ヲ識ルヘキモノナルヲ以テ敢テ口ヲ法律ヲ知ラサルニ藉テ犯罪ノ罰ヲ免ルヽヲ得サルハ世界ノ通法ナリト雖モ先ツ立法官ニ於テ明解シ易キノ法律ヲ設クルニ非サレハ此通法ヲ實行スルニ於テ亦不正ノ謗ヲ免レサルナリ若レ人

民ノ解シ得サル法律ヲ設ケ强テ之ニ違ヿ可ラスト命スルヿアラハ是レ理ニ戻レルノ甚シキモノナリ是故ニ近時ノ立法者ハ可成的廣ク法律ヲ布告シ務メテ公衆ヲシテ能ク之ヲ會得セシム

然ルニ法律ヲ制定スルニ周到緻密ノ注意ヲ以テスルニモ拘ハラス言語ノ不完全ナルト人智ノ微弱ナルヨリ百般ノ紛狀一々之ヲ豫見スルヿ能ハズ爲メニ法律ノ文章ヲシテ明確ナラシムルヲ得サルヿアリ加之其文字ハ陳腐ト爲リ易ク其意義ハ時ヲ經テ變更シ而シテ風俗、思想、及制度等皆ナ漸次時世ト共ニ推移スルヲ以テ法律ノ意義モ亦タ從テ不明ニ歸スルヲ免ルコト能ハス是ニ於テ特ニ法律ヲ説明

シ之カ正當ノ意義ヲ確定スル者ナカル可ラス此任タル通例法衙ニ屬シ世ニ剛愎者アリテ法律ノ意義ヲ承認スルヲ肯セサルキニ當リ裁判官ハ之ニ眞正ノ意義ヲ明示シ以テ其説明ニ服セシムルナリ斯ノ如ク裁判官ノ職ハ獨リ法文ヲ適施スルニ止マラスシテ亦タ立法官ノ意ヲ斟酌シ以テ法律ノ遺漏ヲ修補スルヲ以テ敢テ其缺漏若クハ不明ヲ名トシテ裁判ヲ拒ムヘカラス故ニ今日ノ状況ニ於テハ法衙ノ權力ハ頗ル重要ニシテ其職務ハ有限ノ區域ニ止ルト雖𪜈適當ニ之ヲ執行スレハ亦タ以テ其名譽ヲ博スルニ足ルヘシ然レ𪜈法律ノ意義曖昧不明ナルノ甚シキニ至テハ之カ説明ヲ主ル者亦其見解ヲ異ニスルヿナキニ非ス即チ學

識アル法官ニシテ各其說ヲ異ニシ諸裁判廳モ亦皆ナ其見解ヲ別ニスルカ如キハ蓋シ律文ノ不備ニシテ粗惡ナルニ由レリ然レハ則チ其紛議ヲ調解スヘキ高等ナル有權者ナクシテ可ナランヤ

抑法律ヲ說明スルニ兩樣ノ區別アリ一ヲ一個ノ說明トシ一ヲ公正ノ說明トス一個ノ說明トハ裁判廳ニ於テ單ニ法律ノ明文ヲ以テ特殊ノ事項ニ適施スルニ止マリ其効力敢テ將來ニ及ハサルモノナリ公正ノ說明トハ必ス高等權ニ屬シテ其目的トスル所ハ法律ヲ補ヒ一般ニ涉ルノ判決ヲ爲スニ在リ

此立法ニ涉ル所ノ說明權ハ果シテ何人ニ屬スヘキヤ此間

題ニ就テハ古來其制定ノ主任者ニ屬スベシト云ヘル羅馬律ノ格言ニ則トルヿ或ハ之レ莫キニ非サレ𪜈此制タル固ヨリ確然不拔ナルモノニ非ス時世ニ從テ幾回カ變遷シ降テ今日ニ至ルモ尚ホ未タ輿論ノ一定スル所ヲ見ス佛國ノ古制ニ據レハ勅令說明ノ權ハ君主ノ司ル所ニシテ此權ノ起因ハ查理曼（チヤアレマン）ニ基クト云フ然レ𪜈當時ヨリ以降大革命ノ時ニ至ル迄ハ此制アルニモ拘ハラス屢々布告シテ勅令ノ說明ヲ禁セリ然レ𪜈巴力門（パルマン）（佛國往時ノ巴力門ハ即チ集會法院ニシテ國會議院ノ謂ニアラス）ハ往々自ラ國中一般ニ關スル規則ヲ告布シ遂ニ君主ノ立法權ヲ侵奪スルニ至リ大革命ノ亂ニ及ンテ一局議院ハ法律說明ノ緊要ナルヲ察シ之ヲ君主ニ放任スルヿヲ欲セス

シテ其政權分離ノ主義ヲ確定スルニ及ヒ終ニ全ク其權ヲ掠奪シ凡ソ法術ニ於テ法律說明若クハ新法制定ヲ以テ必要ナリト思量スルトキハ毎ニ立法府ニ上申スヘシト定メタリ當時空理ノ說大ニ行ハルヽヲ以テ立法者ハ多ク實驗ノ事蹟ニ通セス自ラ社會ノ形勢ヲ睥睨シ好ンテ理想境界ニ趨リ苟モ法律ニシテ明晰ナレハ各人皆ナ自ラ之ヲ領解適施シ得ルノ度ニ在ラサル可ラスト思惟セリ其後立憲議會ニ繼テ起レル諸議會モ亦タ皆此主義ニ基キ法律說明ノ權ハ其制定權ノ主任者ニ屬スヘキ羅馬律ノ格言ヲ實施シタリ

此專制君治ト立權議會及ヒ民主議會「コンヴハンシヨン」トノ

時期ニ際シ羅馬律ノ格言ヲ實施シタルノ跡ヲ尋ヌルニ法律制定權及ヒ其説明權ヲ一手ニ併有シタルモノナレハ固ヨリ實際ニ於テハ頗ル弊害ナキニ非サリシモ亦其實施上ニ於テ一モ困難ヲ來セシヿアラサリキ之ニ反シテ今日ニ至テハ立法權ハ三大元素ヨリ成立シ法律ヲ制定スルニハ必ス其一致同意ヲ要スルカ故ニ此問題タル頗ル紛雜ニ渉ラサルヲ得ス是ニ於テカ法律説明權ハ立法權ニ屬スヘキヤ或ハ專ラ君主ニ屬スヘキヤノ問題ヲ生シ來ルニ至レリ」
此問題ハ世人ノ屢々提論スル所ニシテ今日尚ホ學者ノ間ニ議論ノ異同アルヲ免レサル所ナリ帝政ノ時ニ當テハ天下ノ事一ニ帝室ノ利益ヲ圖リ之ヲ標準トシテ判定スルノ

例ナリシヲ以テ說明權モ亦タ自ラ君主ノ獨握スル所ニ係リシト雖モ其後法律ハ原理漸ク明ナルニ及ンテ世人稍々法律說明權ハ其決定者即チ立法者ヲ云フニ屬スヘキヲ覺ルニ至レリ實ニ法律說明ノ事タル法律ヲ補ヒ世人ヲシテ之ヲ了解シ得ルニ至ラシムヘキ必要ノ事務ナレハ法律制定ト同一ノ體裁ニ依テ之ヲ爲シ立法ノ三大元素ヲシテ各之ニ參與セシメサル可ラサル者ノ如シ若シ夫レ三元素中行政部ニノミ獨リ此權ヲ掌握セシムルハ吾制度ニ於テ擯斥スル所ノ權力偏重ノ弊ヲ釀成スル者ト謂ハサルヲ得ス世人モ知ル如ク法律ニ誤謬ノ見解ヲ下シテ其眞正ノ意義ヲ隱蔽シ從テ法律ノ變更ヲ致スカ如キヿハ寔ニ容易ノ事ニシテ決ソ至

難ノ業ニアラサルカ故ニ法律ノ說明ハ宜ク其人ヲ撰マサルヘカラス又タ今日ノ政體ハ昔日ト同シカラス行政權ノミ獨リ法案ヲ起草シ以テ之ヲ國會ニ付スルニ非ス苟モ立法ノ事ニ參與スル者ハ皆ナ發議ノ權ヲ有スルヲ以テ法律ノ眞義ヲ知ルハ獨リ行政ノ權ニ在リトノ論理モ亦タ既ニ存立スルヿヲ得サルナリ加之國會ニ於テハ君主ヨリ提出シタル法案ヲ修正シ若クハ之ヲ變更スルヿヲ得ヘキモノナルカ故ニ之ヲ行政權ニノミ任セハ國會決議ノ意義ニ從ハスシテ其修正以前ノ意義ヲ以テ之ヲ解釋スルノ弊亦タ慮カラサル可ラサルナリ

法律說明ノ立法權ニ屬スヘキ所以ハ右ノ論理ニ由テ既ニ

明瞭ナリト雖モ是レ亦未タ以テ此問題ヲ論了スルモノト爲ス可カラス今夫レ法律ノ説明ヲ以テ之ヲ立法權ニ委ヌルモ立法者ハ到底法律制定ト同一ノ手段ヲ以テ此權ヲ施用スルヿヲ得サルナリ若シ立法者ニ於テ法律制定ト同一ノ手段ヲ以テ此權ヲ施用セハ其實際ニ發生スヘキ弊害ハ重且大ニシテ大ニ吾人ノ注意ヲ喚起スヘシト雖モ吾輩ハ今爰ニ之ヲ論セス直ニ此事ノ實行ス可ラサル所以ニ論及シ以テ論斷ヲ下サントス

從來ノ經驗ニ據リテ考察ヲ下セハ國會ノ舊法律ヲ覆査スルニ當テヤ率ネ其粗惡ナルニ驚キ之ヲ存スルニ忍ヒサルヨリ之カ説明ヲ爲サスシテ必ス爲メニ新法ヲ制定シ以テ

不明ナル舊法ニ代フルヲ例トスルカ如シ加之國會ハ不斷集會ヲ保ツモノニ非ス偶集會スルモ天下ノ急務ニ迫迫セラレ法律說明ノ如キ特殊ノ議論ニ議及スルニ遑アラサルナリ又三大權中其一部ノ起草シタル議案若シ他ノ棄却スル所トナラハ之ヲ如何スヘキヤ又タ理否曲直ヲ質サンカ爲ニ立法權ノ裁決ヲ仰キタル臣民ハ其裁定ヲ見ルハ果シテ何ノ日ニアルヘキヤ故ニ立法者ハ實際法律ノ說明ヲ爲シ得ヘキ者ニアラサルナリ是ニ由テ之ヲ觀レハ說明ノ權ハ固ヨリ立法者ニ屬スト雖モ自ラ之ヲ實行スルヲ得ズ然レハ則チ說明ノ事ハ如何シテ可ナルヤ曰ク代理者ヲ以テ之ヲ行フヘシ抑代理委任ノ事タル代議政體ノ常態ナレハ說

明ノ一事ニ至テ豈ニ獨リ此法ヲ採用スベカラサルノ理アランヤ亦宜ク法律制定ノ定規ニ遵フヘキノミ蓋シ三權既ニ共同ヲ以テ之ヲ行フヲ得ス其一部モ亦タ之ヲ爲スヿヲ得スンハ委任ヲ措テ復タ其道アルヲ見サルナリ然リ而シテ爰ニ又タ一ノ困難ヲ生スヘキノ件アリ即チ此說明權ヲ委任スルハ何人ニ在ル可キヤノ一事是ナリ

論者アリ曰ク元老院ハ保守ノ性質ヲ有スルモノナレハ說明ヲ委任スヘキハ當ニ此院ニ在ルヘシト他ノ論者ハ曰ク宜ク之ヲ大審院ニ委任スヘシト吾輩ハ兩說ヲ以テ皆ナ非ナリトス抑法律說明ノ權ヲ以テ之ヲ立法權中ノ一部ニ委任スルハ既ニ前述セシ如ク他ノ二權ヲ損シ其一部ヲシ

テ偏重ノ權ヲ掌握セシムルナリ若シ元老院ノ意見ヲシテ他ノ諸權ト相反スルニ當テ之ニ制法參與ノ權ト法律說明ノ權トヲ兼有セシムルヤハ則ナ恰モ之ニ複發言ヲ許スモノト異ナラサルナリ且夫レ多數ノ人員ヲ以テ組織シタル議會ハ困難ナル問題ヲ審査スルニ不適當ナル者ノ如シ何トナレハ純粹ナル法律上ノ問題ニ政制ノ粧色ヲ附加スルヿナキヲ保スヘカラサレハナリ

然ハ則ナ千八百三十七年四月一日ニ制定セラレタル法律ニ基キ說明ノ權ヲ以テ之ヲ大審院ニ委任セシカ是レ即ナ政權分離ノ主義ニ背キ大審院設立ノ趣旨ニ悖ルモノナリ夫レ大審院ニ於テ法律上紛議ノ由テ生シタル疑點ヲ說明

スルニ全國一般ニ遵奉セシムベキノ方法ヲ以テスルハ則チ古巴力門ノ例ノ如ク大審院ヲシテ立法權ノ域内ニ干渉セシムルモノニ非スヤ又其特殊ノ紛議ニ付テ確定ノ裁判ヲ下スキハ大審院ハ法律上ノ點ニ於テ判決ヲ下スヲ得ヘキモ原被ノ訴訟ヲ裁判ス可ラスト定メタル趣旨ニ悖ルニ非スヤ且夫レ大審院ハ司法權ノ階級上ニ在テ最上無比ノ權ヲ有シ一タヒ裁斷ヲ下スキハ全ク終審シテ復タ控訴スルヿヲ許サス威勢ノ强大ナル此ノ如ク獨立ノ地位ヲ保持スル此ノ如キノ法院ニシテ又法律説明ノ權ヲ有セシメハ恐ラクハ君主ト法律トノ精神ヲ放擲シ之ニ代フルニ自己ノ意見ヲ以テスルノ企ナキヲ保スヘカラス然ルニ其下ニ在

ル職務執行ノ法官等ハ固ヨリ司法ノ制ニ據リ其長上ニ服從スルノ義務アルカ故ニ必ス其判決ヲ遵奉セサルヲ得ス故ニ一朝大審院ニシテ其職權ヲ僭越シテ牽强ノ說明ヲ下シ若クハ公然法律ノ明文ニ悖戾シテ法律ニ代フルニ全ク之ニ反對セル判決例ヲ以テシ國中諸裁判廳ヲシテ一般ニ之ヲ遵奉セシムルヿアルモ此專橫ヲ防遏スルノ道ナカル可シ

且夫レ大審院ハ獨リ法律上ノ點ニ就テ判決ヲ下スヘキ明文アルニモ拘ハラス往々事實ノ爲ニ牽制セヲルヽハ世人ノ熟知スル所ニシテ是レ實際止ムヲ得サルニ出ツルモノナリ蓋シ原被ノ辨護人等ハ大審院ニ到リ熱心ヲ以テ事件

ノ情狀ト事實ノ詳細トヲ具陳スルニ由リ大審院ニ於テ全ク此傾向ヲ免ルヽハ到底能ハサル事トス又タ今日大審院ノ制タル其人ヲ法律學者ニ取ラスシテ之ヲ政治家ニ覓ルヲ以テ從來法官ノ美德トセル學識大ニ減少シタルカ如シトノ評アリ或ル著述家ノ言フ所ニ據レハ該院ノ判決ハ率ヲ熟慮審議ヲ經スシテ之ヲ爲シ就中裁判ノ理由書ノ如キニ至テハ專ラ報告員一己ノ意見ヲ表明スルニ過キスト云ヘリ

且夫レ憲法ノ政權ヲ分離シタル所以ハ一大緊要ナル理由アリテ然ル者ナレハ深ク之ニ注意セサル可ラス若シ誤テ裁判官ヲシテ政事ニ干渉スルヲ得セシメハ其特殊ノ事件

ヲ裁判スルニモ亦タ一般ノ狀勢ヲ思慮斟酌スルノ弊ニ陷リ從テ現存ノ法文ハ閑テ顧ミス却テ新ニ法律ヲ制定スルニ際シテ設クルヿヲ必要トスルノ條欵ニノミ着目スルヲ免レサルニ至ルヘシ然ルニ此事タル蓋シ立法者カ獨リ意ニ介スヘキ所ニシテ法官ノ敢テ關係スルヲ要セサルモノナリ

法律適施權ト其說明權ト相合スレハ殆ト立法權ヲ成スト云フモ可ナリ司法權ノ立法事業ヲ蠶食スルヿ此ノ如クナレハ其害實ニ恐ルヘキナリ故ニ法律說明ノ權ハ何等ノ點ヨリ觀察ヲ下スモ必ス之ヲ立法權ニ屬セサル可ラス唯立法者ハ自ラ其權ヲ用ル能ハサルヲ以テ之ヲ他人ニ委屬セ

サル可ラス而シテ之ヲ他人ニ委屬スルノ法如何曰ク委員ヲ設ルニ在ルナリ斯ノ如ク簡單睹易キノ方法ニシテ立法者ノ意思曾テ此ニ及フコトナカリシハ吾輩ノ最モ驚訝ニ堪ヘサル所ナリ而シテ其委員タル之ヲ立法ノ三大權中ニ採リ以テ其各部ヲシテ說明ノ制定ニ參與セシメサル可ラス又タ此委員ハ特ニ單一ノ議會即チ多數ニ依テ議ヲ決スルノ議會ヲ組織シ以テ其事務ヲ處置セサル可ラス若シ然ラスシテ各部別箇ニ議會ヲ開クトキハ三者相對立シ各異議ヲ執テ服セサルノ權アルヲ以テ到底議論ノ決定ヲ期ス可ラス而シテ此委員等カ立法ノ三大權ヲ代表スヘキ單一ナル議會ヲ組織スルハ敢テ至難トスルニ足ラサルナリ今其例証ヲ擧

レハ英國及北米合衆國等ニ於テハ議案ノ條欵上ニ於テ兩院ノ議相合ハサルキハ各委員ヲ命シ之ヲシテ相會合シテ其條欵ヲ討議セシムルヿアリ是レ佛國ノ倣フテ以テ法律ノ說明ヲ爲スヘキ所ナリ即チ法律ノ說明ヲナスニ當テハ王及兩院ニ於テ參事院議官、元老院議官、及代議士ノ彼此相均シキ人員ヲ撰任シ之ヲ以テ委員會議ヲ開カシムベキノミ此方法ニ依レハ三大權ハ皆該會議ノ代理スル所トナリ一モ權利ヲ損スルヿナク且法律說明ニ關シ世上ニ紛々タル諸案ハ若干ノ弊害ヲ免レサルモ此方法ヲ以テスルキハ悉ク之ヲ免カルヽヲ得ルノミナラス隨テ幾多ノ利益ヲ生スヘシ

今爰ニ困難ナル問題アリテ其解釋ニ苦ミ之ヲ兩院ニ附シテ其說明ヲ求ルモ能ク其事實ニ通曉シテ之ニ判決ヲ下スヘキ者ハ議院中僅少ノ人數ニ過キサルベシ然レハ則チ豫メ此輩ヲ撰任スルノ優レルニ如カス又此委員會議ハ固ヨリ公然傍聽ヲ許スヲ以テ濫リニ悖理ノ修正案ヲ提出シ又ハ狂暴ノ議論ヲ發スル者アル可ラス且其議案ハ之ヲ廢棄スルコトヲ得サルモノナルヲ以テ容易ニ結了スヘキハ昭々トシテ明ナル所ナリ況ンヤ事實ニ關スルノ諸件ハ一切之ヲ除キ原被ノ口陳又ハ具狀書ヲ付シ單ニ理論ノ點ヲ提出スルモノナレハ其判決ヲ下スヘキノ要點ハ簡單明晰ニシテ一モ紛亂スルヿナク加之訴訟關係人等ノ出テヽ事情

ヲ辨解スルヿナキカ故ニ其具狀及議決ヲ攪動セラルヽノ憂アラス萬一偏頗ニ失セントスルヿアルモ該委員等ハ單ニ某ノ件ニ就キ特箇ノ判決ヲ下ス者ニ非スシテ一般ニ關シ天下ノ大法ヲ確定スル者ナルヲ以テ一度公道ニ違背スルヿアレハ天下後世永ク其害毒ヲ被フルヘキヿヲ思惟シ自ラ其傾向ヲ制止スルヿ疑ヒナシ蓋シ政治家ヲ以テ組織シ專斷以テ事ヲ決スルノ議會ハ往々放恣ニ失スルヿアルハ吾人ノ熟知スル所ナレ𪜈此委員ノ會議ニ至テハ固ヨリ出處ヲ異ニシ其代表スル所ノ利益ヲ別ニスル者ヨリ組成スルモノナレハ其多數ノ決議ハ正理公道ニ基カサルコト誠トニ鮮少ナルヘシ又此制度タル立法ノ三大權ヲシテ均

ク法律説明ニ參與セシメ能ク其權衡ヲ得且能ク之カ判決ヲ得セシムルノ方法ナレハ唯此一事ヲ以テ視ルモ充分ニ其可否ヲ知ルニ足ルヘシ

第三編　行政權ノ事ヲ論ス

第一章　憲法第十三條ニ曰ク君主ハ法律ノ施行ニ必要ナル制令規則ヲ布告スルノ權アリ但法律ヲ停止シ及其施行ヲ廢止スルヿヲ得ス

夫レ人々相團結シテ一ノ政治社會ヲ組織スルヤ必ス儼然タル政府ナカル可ラス若シ最上無限ニシテ抵抗ス可ラサルノ權力アリ以テ法律ヲ制定シ及百官有司ヲシテ其施行ヲ主トラシムルモノナクンハ何ヲ以テ能ク國家ヲ維持スルコトヲ得ンヤ若シ此ノ如キ最上無限ノ權力ナキトキハ人民必ス互ニ其搏噬攫奪ヲ恣ニシ其國ハ到底土崩瓦解ニ陷ラサルヲ得サルナリ

然ルニ人ノ此世ニ生ルヽヤ初ヨリ貴賤上下ノ別アルニ非ス均シク同一ノ權利ヲ有セル者ナレハ一國統治ノ權ハ果シテ之ヲ何人ニ委托スヘキヤ此問題タル理論上ヨリ考察ヲ下スキハ容易ニ之ヲ判決スルヲ得ヘキニ似タレモ之ヲ實際ニ施シ理論ニ基テ一國ヲ建テ以テ其安全ヲ保タント欲スレハ紛雜百出決シテ統治スベカラサルモノアル可シ古來人間社會ニ慘酷ナル痛苦ヲ與ヘ百姓ヲシテ塗炭ノ中ニ沈淪セシメタル事蹟ノ原因ヲ探究スレハ未タ曾テ荒唐ナル空理ニ惑ヒ以テ急進過激ノ熱心ヲ政事上ニ逞フシタルニ根セスンハアラサルナリ

夫レ一國ノ政權ヲ以テ智仁勇ノ三德ヲ兼備セル者ニ委托

スルハ天下ノ通論ナリ蓋シ智ハ以テ公共ノ利益ヲ識察スヘク仁ハ以テ公衆ノ利益ヲ施政ノ目的トスヘク勇ハ以テ其計畫スル所ヲ實行貫徹スルニ足レハナリ故ニ智仁勇兼備ノ者ニ政權ヲ委託スルノ目的ヲ達スルハ人間社會ノ福利ニ關シ最モ肝要ノ事項ナルヲ以テ古來政治家其思慮ヲ盡シ爲メニ政法ヲ案出セシコト其數勝テ計ル可ラスト雖モ要スルニ政體ハ之ヲ大別シテ三種トナシ他ハ皆其變體ニ過キサルノミ古政學者ノ政體ヲ區別セシモ亦此三種ノ外ニ出テサルヲ以テ見レハ則チ此三種ノ區別ハ二千年前ノ太古ヨリ今日ニ至ルマテ無數ノ治亂興廢ヲ經過スルモ尙ホ依然トシテ變更セサルコトヲ知ルヘシ苟モ之ヲシテ

自然ノ理ニ悖ル所アラシメハ豈ニ能ク千古ニ亘テ易ラサルコト如此ナルヲ得ンヤ所謂ル三種ノ政體トハ何ソヤ曰ク君主政曰ク貴族政曰ク民主政是レナリ而シテ君主政トハ即チ一人ヲ以テ千萬人ヲ支配シ專ラ一國ノ主權ヲ掌握スルモノニシテ貴族政トハ國中ノ爵位アル者聚會シテ一國ノ主權ヲ掌握スルモノヽ云ヒ民主政トハ全國ノ人民各其自由自主ノ權ヲ以テ公會シ以テ一國ノ主權ヲ占有スルモノ是レナリ

今爰ニ三種政體ノ得失ヲ略論セン夫レ理論上ヨリ云ヘハ愛國ノ至誠ヲ以テ一般ノ公益ヲ計リ毫モ偏私ノ法律ナキヲ期スルハ民主政ニ若ク者無シ然レモ此政治タル政機ヲ決スル

ニ當リ動モスレハ過激無謀ニ渉リ往々命令ノ行ハレ難キ弊ヲ脱スルヿ能ハス而シテ貴族政ノ如キハ通例最モ國家ニ經歷アルノ士ヲ以テ政治ヲ行フモノナレハ其草起セル法案ハ最モ實際ニ適切ナルベシト雖モ至誠至公ノ點ニ於テハ民主政ニ及ハサル所アリ且ツ强盛嚴重ノ點ニ於テハ大ニ君主政ニ如カサルナリ然レハ即チ三種ノ政體中最モ適實强盛ナルモノハ君主政ニ如クモノアラス但シ此政體ニ於テハ政柄君主ノ掌裡ニ在リ萬機ノ決皆君主ノ意思ニ依ルモノナルヲ以テ其弊ヤ或ハ其果敢勇決ヲ壓制暴虐ヲ行フノ點ニ用ユルノ恐レナキニ非ラサルナリ

是ニ由テ之ヲ觀レハ三種ノ政體皆各一得一失アリ唯此三

政ノ短所ヲ去リテ全ク其長所ノミヲ兼取セル者ヲ以テ最良ノ政體ト爲スヘキナリ古人能ク此理ニ通シタルモノアリ施西崙(シセロ)曰ク至善至美ノ政體ハ君主政、貴族政、民主政ノ三原素ヲ折衷調合シタルモノニ在リト實ニ千古ノ格言ト謂フヘシ然レ𪜈此ノ如ク折衷調合シ以テ至美ノ政體ヲ得ルヿハ希臘及羅馬人等ノ見テ以テ人力ノ爲ス能ハサル所トナセシモノナリ

近時ニ至リ漸ク此一大問題ヲ決シ中正至美ノ一政體ヲ組織スルヿヲ得タリ即チ代議政體ニ則ルノ君主政ニシテ上ニ君主一人アリテ行政ノ大權ヲ掌握シ萬機ノ要務ヲ主裁シ專制君主ノ特有スル所ノ嚴盛無比ノ勢威ヲ持シ而シテ

立法權ハ即チ君主及兩議院ナル三大權相共ニ調和合同シテ以テ之ヲ行ヒ仍ホ此三大權互ニ監督注意シ其一ヲシテ敢テ擅マヽニ跋扈シ終ニ人民ノ自由ヲ毀損セシムルヿ能ハサラシムルノ法是レナリ

蓋シ今日此ノ如キ善美ノ政體ヲ得ルニ至リタルハ獨リ立法者ノ智力ヲ以テ一朝之ヲ案出創定シタルニ非ス英國ニ於テ往昔封建政治ノ時代ヨリ漸次ニ此政體ヲ成立シタル者ナリ然レ𪜈最初ヨリ確乎此ニ目的ヲ立有セシ者ニ非ス畢竟偶然ノ結果ト云フベシ故ニ其原素ハ太タ不充分ナルカ如ク見ユレ𪜈細カニ査察スルトキハ即チ其標準ハ確然古昔ニ在テ存スルナリ即チラセデモーヌ（スパルタ國號ナリ）是ナリ思

フニ希臘羅馬ノ政治學者ハ其智識決シテ今日ノ我輩ニ劣ルヿアラサルベシ然ルニ眼前ニ「ラセデモーヌ」ノ標準ヲ觀テ朝暮其政體ノ美ヲ賞讚シナカラ遂ニ能ク其眞相ヲ視察セサリシハ最モ怪シムヘキノ一事ト謂ハサルヘカラス

此ノ新政體即チ立憲政體ヲ設立セシ以來君主政ノ面目ヲ一變セシト雖ドモ尚ホ君主政體ノ特ニ他ノ政體ニ異ル所以ノ其固有ノ性質即チ權威ノ强盛ニシテ嚴整ナルノ一事ニ至テハ毫モ失フ所ナキナリ蓋シ評議ハ衆人ニ非レハ爲ス能ハサル所ナレドモ事ヲ行フニハ必ス果斷敏速ナルヲ要シ且ツ確乎タル責任ノ歸スル所ナカルヘカラサルヲ以テ到底多人數ノ集合ニ適當スヘキ事業ニ非ス是ヲ以テ代議政

體ニ於テモ法律ヲ施行スルノ任ハ固ヨリ君主ノ主ルヘキモノトス是レ君權ヲ指シテ或ハ行政權ト稱スル所以ナリ」行政權ニ於テ第一ノ職務ハ即チ其名稱ノ如ク能ク法律政令ヲ行ハレシムルニ在リ而シテ此任タル必ス君主ニ在ラサル可ラス抑モ國會ノ如キハ固ヨリ常ニ政務ノ衝ニ當ルベキ者ニ非スシテ其議事ハ僅ニ一事ニ止ルモノナリ故ニ國會ノ閉鎖中ニ在テ政治ヲ主宰スル者ハ必ス他ニ其任アラサル可ラス且ツ立法者ヲ以テ假ニ平常不斷ニ會合スル者トナスモ法律施行ノ任ハ必ス之ヲ行政權ニ屬セサル可ラサルノ理由アリ何ソヤ行爲ノ果決ナルト主義意見ノ能ク一致スルコハ多數ノ集合ニ望ム可ラス必ス一人ノ首長ニ依ラ

サル可カラサルヿハ人事自然ノ情勢ナレハナリ且ツ夫レ立法權ヲ分離スル所以ハ法ヲ立ルニハ宜シク反覆審議ヲ要シ從テ法律ヲシテ沈重老熟ノ思慮ニ成ラシメントスルニ在リ而シテ社會ノ通弊タル所ノ輕躁ノ害ヲ防クニ大効アルモノナリ然レ𪜈行政權ニ至テハ自ラ其趣ヲ異ニセリ若シ夫レ行政ノ權力ヲモ分離スルヿアラシメハ其間必ス軋轢ヲ生シ甚シキニ至テハ政府ハ有レ𪜈無キカ如ク人民適從スル所ヲ知ラスシテ終ニ亂毒ノ域ニ陷ルコトナキヲ保セス故ニ衆議ニ依テ事ヲ決スルハ即チ制法上ニ於テハ緊要ノ事ナレトモ行政ノ事ニ至テハ即チ全ク其趣ヲ異ニセサルヲ得ス之ヲ要スルニ行政權ヲ一手ニ集合スルハ則

チ政事ヲシテ活潑果敢ナラシムル所以ニシテ之ヲ分離スルハ則チ政權ヲ萎靡衰頽セシムル所以ナリ

然ルニ論者アリ說ヲ爲シ曰ク君主政ニ於テハ其首長タル者ハ實ニ一人タルヿ疑ヒナシト雖モ實際事ヲ行フヤ即チ數人ノ宰相ヲ置キ以テ之ヲ分掌セシムルニ非スヤ然レハ則チ行政權モ亦之ヲ分ツモノナリト吾輩ハ將ニ之ニ答テ言ハントス宰相各其職務ヲ異ニスルハ固ヨリ言ヲ待タスト雖モ是レ皆君主一人ノ命ヲ受ケテ其事ヲ行フノ行政官吏タルニ過キス其進退黜陟一ニ君主ノ意ニ在リ故ニ假令內閣中軋轢ヲ生スルヿアルモ君主ハ其威權ヲ以テ直ニ之ヲ撲滅スヘシ況ンヤ同一ノ目的ヲ以テ同一ノ意向ニ從ヒ

同一ノ國是ヲ主義トスル者ニ外ナラサルオヤ

行政ノ大權ヲ以テ君主ニ屬スルノ理由ハ一ニシテ足ラス即チ立法者ハ万般ノ瑣事ニ渉リテ豫メ之ヲ瑣察スルヿヲ得サルモ亦タ其理由ノ一ニ居レリ蓋シ法律ハ簡明ナルヲ要ス煩雜ノ瑣事ヲ以テ法文ヲ冗長ナラシムル可カラス故ニ君主ヨリ法律施行ノ方法ヲ指定シ以テ立法ノ事業ヲ補フハ最モ肝要ノ事ナリトス然レモ此種ノ君權ハ行政規則ヲ制定頒布スルニ止マルモノナリ又此種ノ君權ハ全ク無限不羈ナル者ニ非ス即チ憲法其他ノ法律及ヒ判決例等ヲ以テ若干ノ制限ヲ設ケ敢テ君主ヲシテ其權ヲ恣ニスルヿ莫カラシムルナリ故ニ此種ノ君權ニ就キ其第一ノ原則ハ曰ク君

主ニ屬スル所ノ此權（此權ハ特ニ法律施行ノ權ヲ云フ）ハ法律制定ノ爲ニ非ス唯法律ヲシテ能ク行ハレシムルニ在リ故ニ二三ノ例外ヲ除キ（此例外ハ後段ニ之ヲ說クヘシ）君主ノ自ラ法律ヲ停止シ及其施行ヲ廢止スルヿハ之ヲ嚴禁ス凡此原則ヨリ生スル結果ハ一ニシテ足ラスト雖モ此原則ニ據テ考フルトキハ夫ノ法律ノ範圍ニ屬スヘキ事項ト勅令ノ部類ニ屬スヘキ事項トノ差別如何ノ問題ノ如キハ忽チ氷解スルヲ得ベシ抑モ皮相ヨリ觀察ヲ下セハ此兩種ノ事項タル其輕重大小ニ從テ或ハ勅令ニ屬シ或ハ法律ニ屬スルモノヽ如シト雖モ其實全ク然ルニ非ス今此原則ニ基テ論スルトキハ凡ソ事項ノ輕重大小ニ論ナク既ニ一タヒ法律トシテ制定ニ係ル所ノ者

ナレハ君主ハ勅令ヲ以テ云々スルコトヲ得ス是ヲ以テ新法ノ增加スル毎ニ君主ノ權限ハ自ラ減縮スルノ狀アリ蓋シ現今ノ如ク法律ノ發案權ヲ國會ニ附與シタルノ日ニ方テハ君權ハ自カラ他ノ蠶食スル所ト爲ル亦免レサル所ナリ假令ヒ今日ノ官報ニ揭載公布スル所ノ法律中或ハ立法者ノ注意ニ漏レタル箇條アリト雖モ之アルカ爲メニ君主ハ勅令ヲ以テ之ヲ制定スルコトヲ得ス之ヲ要スルニ君主ハ擅マヽニ法律ヲ增補スルヲ得サル者ト謂フヘシ

此原則ノ外ニ尙ホ憲法ハ認定シテ以上ノ原則ニ裁制ヲ附スル者アリ則チ司法ノ制是ナリ抑モ司法ノ制タル君主ノ據テ以テ國民ヲシテ法律及ヒ行政規則ヲ遵奉セシムル所

ニシテ行政權中ニ在テ其力之ニ如ク者ナシ而シテ其職、重要ニシテ其位地、自ラ獨立スベキモノナルヲ以テ法衙ハ立法府ト君主トノ關係ヲ離レ別ニ一種ノ權ヲ組織シ以テ其職務ヲ執行セリ故ニ裁判官ノ一タヒ其職ニ任セラルヽヤ行政權ハ毫モ之ヲ牽掣スルヲ得サルノミナラス間接ニ於テモ其職務ヲ毀損スルヿヲ得サルナリ何トナレハ行政權ヲ以テ臨時裁判所ヲ設ケ庶民ヲシテ正當法官ノ裁判ヲ仰クヲ得サラシムルハ憲法ノ禁スル所ナレハナリ而シテ司法官ハ獨リ行政官ヲ制スルニ止マラス君主ト雖𪜈亦タ其監スル所ト爲ラサルヲ得ス蓋シ百般ノ判決ハ君主ノ名ヲ以テ之ヲ宣告スルノ例ナリト雖𪜈君主ハ自ラ之ヲ裁スル

ノ權ナク又タ自ラ勅令ヲ施行スルヲ得サル者ナレハ必ス司法官ノ補助ヲ待テ始テ能ク法律ヲ行フヲ得ルモノナリ然レハ則チ裁判廳ハ行政權ノ下ニ從屬スルモノニ非ラスシテ司法官却テ之ヲ補助スルモノト謂フ可シ是レ則チ人民ノ自由ト其所有權トヲ保護スヘキノ方便ニシテ假令君主ヨリ人民ノ權利ヲ毀損スヘキ勅令ヲ出スヿアルモ裁判廳ハ能ク人民ヲ保護シ以テ其權利ヲ保全スルモノナリ就中身體ノ安全ハ法律ノ眼ニ於テ人民ノ最モ貴重ナル權利トスル所ナレハ隨テ之ヲ保護スルモ亦タ最モ鄭重ナラサルヲ得ス是故ニ此權利ニ關スル所ノ第一則ニ曰ク凡ソ刑罰ハ法律ニ據ルニ非サレハ決シテ之ヲ人ニ加フルヿヲ

許サス縱令ヒ財產沒收ノ事ト雖𪜈單ニ君主ノ勅令ヲ以テ之ヲ宣告スルヿヲ得スト蓋シ勅令ナル者ハ固ヨリ法律ヲ施行スルノ自的ニ止マルモノナルヲ以テ君主之ヲ以テ刑罰ヲ加嚴シ若クハ其不足ヲ補充スルヿヲ得サルハ至當ノ事ト謂ハサルヲ得ス且ツ夫レ法律上罰則ナキモノハ即チ是レ立法者カ刑事ノ裁制ヲ附スルニ足ラスト思惟シタルニ因ル者ナレハ更ニ君主ノ之ニ其意思ヲ加ヘ其不足ヲ補充スルカ如キハ亦不要ノ事ナリトス然ルニ帝政ノ時ニ當テハ屢此原則ニ違ヒ重罰ト雖𪜈尙ホ一片ノ勅令ヲ以テ之ヲ宣告シタリシモ立憲政治ノ復興スルニ及ンテ又舊ニ復シ偶マ之ニ違テ事ヲ行ハント欲スルノ宰相ナキニ非スト

雖モ多クハ裁判官ノ拒絶スル所トナルニ因テ其意ヲ遂ルヿ能ハサリキ

然レモ此ニ例外アリ即チ前ニ述ヘタルカ如ク法律ハ簡明ヲ要スルカ故ニ立法者ハ多クハ唯大體ノ定則ヲ示スノミニシテ其施行ノ順序方法ニ至テハ行政規則ヲシテ之ヲ補ハシム蓋シ若シ此規則ヲ附スルニアラスンハ人民ハ濫ニ法律ニ悖戻シテ底止スル所ナキニ至ルヘシ且ツ夫レ同一ノ規則ニシテ邑廳ノ布告ニ係レハ罰アリ君主ノ勅令ニ係ルモノハ罰ナキカ如キハ頗ル穩當ヲ欠クヲ以テ「行政官ノ職權内ニ於テ設定シタル適法ノ規則ニ悖ル者ハ一弗以上五弗（フランク）以下ノ罰金ヲ科シ再犯ノ者ハ禁錮ニ處ス但シ禁錮ハ

三日以上ニ渉ルヿヲ許サス」トノ法ヲ定メタリ此罰タルヤ單ニ犯則ノ故ヲ以テ處スル者ナレハ敢テ行政規則中ニ之ヲ明言セスト雖モ亦タ之ヲ免ルヿヲ得ス是レ法律ヲ以テ勅令ニ附シタル一般ノ制裁力ト謂フベシ

而シテ此罰則タル頗ル輕キニ失スルカ如シト雖モ亦禁錮ノ刑三日ニ渉ルヲ得ルモノナリ況ヤ此罰タル單ニ犯則ニ止マリ立法者ハ敢テ罰則ヲ附スルニ足ラスト思量シタルノ境界ニ加ヘタル者ナルニ於テヲヤ是ニ由テ之ヲ觀ルトキハ唯其刑名アルノミニテ既ニ充分ナルモノトセサル可ラス且ツ一言以テ注意ヲ喚起スヘキハ要件アリ即チ刑法第四百七十一條第十五欵ノ違警罪ハ甚タ輕シト雖モ行政

官ノ職權內ニ於テ布告シタル規則ニ悖ルモノニ非サレハ法衙モ之ヲ罰スルヿヲ得ス若シ行政官不法ノ規則ヲ設ケタル時ニ當リ裁判官之ニ刑律ヲ適施スルヿアラハ啻ニ無要ノ事ト爲スノミナラス又自ラ法律ヲ犯セル罪人ト謂ハサルヲ得ス但シ裁判官ハ決シテ勅令取消ヲ行フノ權利ヲ有セサルナリ是レ法律上ニ於テ之ヲ許サヽルノミナラス此ノ如キハ固ヨリ政權分離ノ大綱ニ背キ且通常裁判官ノ行政上ニ關セストノ成規ニ戾ル者ナレハナリ然レ𪜈不法ノ規則ヲ以テ無効ト見做シ之ヲ適施セサルハ復タ不可ナキナリ

裁判官ニシテ行政規則ノ施行ヲ助クル所以ハ固ト其行政

規則タルノ故ニ非ラス寧ロ其規則ヲ認許シタル法律ノ爲メニ然ルモノナルヲ以テ若シ行政規則ニシテ適法ナラサル以上ハ裁判官ノ之ヲ適施スルノ義務ナキハ固ヨリ言ヲ待タサル所ナリ若シ否ラストセハ是レ憲法ヲ破テ立法權ヲ行政官ニ屬スル者ト謂ハサルヲ得ス

然レモ人アリ或ハ言ハントス裁判廳ハ行政規則ノ正否ヲ判決スヘキ者ニ非ス且ツ行政規則ノ執行ヲ妨碍スルハ法律ノ明文ヲ以テ之ヲ禁スル所ナルニ非スヤト吾輩ハ之ニ答ヘテ言ハントス法律上無罪ノ人ナルヲ行政規則ヲ以テ之ニ罪ヲ負ハシムルノ理ナシ故ニ裁判廳ハ之ヲ起訴懲罰セサルモ可ナリ是レ行政規則ノ施行ヲ妨碍スルニ非スシ

テ唯之ニ助力セサルニ止ルノミト夫レ裁判廳ノ權利ハ固ヨリ法律ヲ適施スルニ止マルモノナレハ適法ノ規則ハ能ク其施行ヲ輔助スヘキモ不法ノ規則ハ其權限外ニ在ルモノニテ權利外ノ事ハ之ヲ爲サヽルヲ以テ却テ其義務ヲ遵守スル者ナリトス

明治十五年十一月廿一日出版版權届
全部二十册ノ内第三册迄發兌
以下毎月二册宛出版
毎册定價金拾七錢五厘
御用印行所
東京京橋區八官町十九番地
忠愛社
同芝區三島町
山中市兵衛
賣
同京橋區南傳馬町二丁目
穴山篤太郎
同日本橋區通三丁目
丸屋善七
弘
同日本橋區本町三丁目
原亮三郎

書肆

同神田區雉子町　巖々堂

同神田區小川町六十二番地　西村兒一

西京寺町　福井孝太郎

大坂南區二ッ井戸町　藤原熊太郎

屋張名古屋　永樂屋東四郎

箱館地藏町　修文堂

新潟竹川町　京文社

元老院藏版

王權論

自第三篇
至第四篇

第四册

明治十六年八月發行

忠愛社

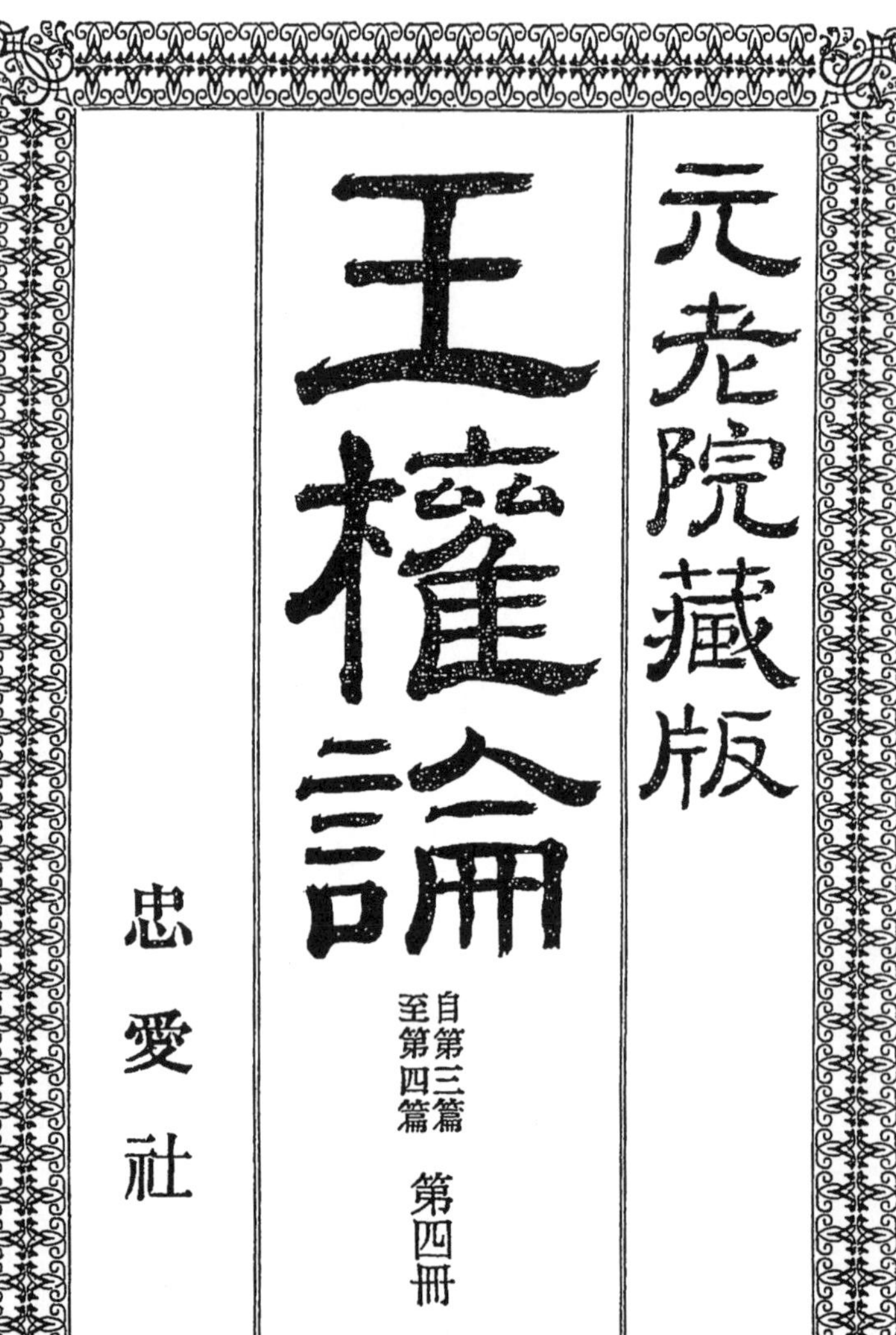
元老院藏版
王權論
自第三篇
至第四篇
第四冊
忠愛社

王權論卷四

目次

王權論卷四

佛國　ロリユー　著
本日　丸毛直利　譯

第二章　人民抵抗ノ權ヲ論ス

人ノ靈魂智識ハ之ヲ研磨スルニ從テ際限ナク開發スルヿヲ得ルモノナリト雖モ其改良ニ趨クヤ漸ヲ以テ進ミ一世紀ハ一世紀ヨリ智識ヲ增シ一代ハ一代ヨリ思想ヲ新ニシ各人每ニ其執ル所ノ事業ヲ以テ互ニ社會ノ改良ヲ裨益シ以テ徐ニ靈魂ヲ研キ智識ヲ積ムヿヲ得ルモノナリ然ルニ社會未タ草昧野蠻ノ域ヲ脫セサル時ニ當リ自ラ業已ニ天

地ノ大道ニ違ハサル者アルハ何ソヤ是レ蓋シ天性ノ然ラシムル所ニシテ其行爲ノ規範ヲ識認シテ之ヲ履踐スルニ由ルニ非ルナリ若シ夫レ眞理ニ至テハ假令ヒ其簡單平易ナルモノト雖モ永年ノ文明ヲ積ミ幾多ノ研磨ヲ重ネタル後ニ非サレハ決シテ之ヲ發明スルヿ能ハサルナリ即チ人民抵抗ノ權ノ如キ其一例トスヘシ

夫レ臣民其長上ノ命ニ違フノ權利ハ最モ重大ノ問題ニシテ苟モ國家ヲ成立スル以上ハ此權利ノ存否ト其區域ノ廣狹トヲ確定スルヿ實ニ必要ノ事ナルカ故ニ古來幾世紀ノ間此ニ論及シタル者勝テ數フ可ラスト雖モ今日ニ至リ尚ホ未タ確定ノ說ヲ得サルモノナリ今此問題ノ在ル所ヲ略言

スレハ凡ソ臣民ハ長上ノ命ニ違フノ權利アル乎若シ之レ有リトセハ如何ナル場合ニ於テ之ヲ行フヘキ乎ト云フニ在リ蓋シ社會ノ存亡ハ此問題ノ判決如何ニ係ル者ナリ皮相ノ見ヲ以テ觀察ヲ下ス𪜈ハ社會ヲ組織シ國家ニ生活スルノ目的ハ一ニ秩序ヲ維持セント欲スルノ點ニ在ルモノナレハ人民タルモノハ決シテ其長上ニ抗抵ス可カラサルモノヽ如シ然レハ則チ社會ノ組織ニ因テ生シタル臣民其ノ君主ニ服從スルノ義務ハ義務ノ最上重大ナル者ト謂フ可キ乎否此服從ノ根理ヲ熟察セハ決シテ其義務ノ無限ニ非サルヲ知ルヘシ是レ特ニ學者ノミ獨リ此理ヲ知ルニ非ス無智不學ノ者ヲシテ之ヲ評セシムルモ亦必ス然リトセン」

若シ夫レ君上ニシテ罪惡無道ノ事ヲ命シタルノ場合ニ至テモ臣民ハ尙ホ其命ヲ奉スルノ義務アリトス可キ乎若シ然リトセハ人ノ子ニ命シテ其親ヲ殺サシムルヿヲ得ヘシ此ノ如キノ權ヲ有スル者ハ地球上未タ之レ有ラサルナリ人民ニ抵抗權アルヿハ此理ニ因テ既ニ明カナリ思フニ事理ヲ解スルニ疎キ者ト雖𪜈敢テ之ニ異論ヲ懷カサルヘシ然レ𪜈凡ソ理論ニ易クシテ實施ニ難キハ政事ニ關スル問題ノ常態ナレハ此權ヲ實施スルノ方法ニ至テモ亦タ容易ナラサルヲ知ルヘシ

抑モ臣民抵抗ノ事タル固ヨリ社會ノ目的ニ背反シタルモノナレハ之ヲ行フコト亦極メテ稀ナルモノトス夫レ臣民ハ

其君ニ從フハ天下ノ大法ニシテ其之ニ反スルハ特ニ非常ノ權道タルコハ蓋シ此權ノ實施如何ヲ論セサルニ先テ既ニ世人ノ瞭知スル所ナルベシ然レハ則チ此權道ハ如何ナル場合ニ於テ臣民之ヲ行フコトヲ得ル乎如何ナル場合ニ際シテ臣民ハ敢テ其君命ニ違フコトヲ得ルノ權アリ又之ニ違フ可ラサルノ義務アル乎又臣民ノ君命ニ違背スルヿヲ得ヘキ時機ヲ示ス者ハ誰ナル乎此事ハ唯臣民各自ノ心ヲ以テ判斷スル所ニ係ル乎或ハ他ニ誘導スル者アルヘキ乎

此問題タル其國ノ政體ニ從テ判決ヲ異ニスル者ナリ熟々方今諸國ノ政體ヲ察スルニ代議政體ノ利便ハ一ニシテ足

ラスト雖モ就中其最大ナルモノハ則チ人民抵抗權ニ關シ一體ノ規矩ヲ設ケ以テ此權ノ實施ヲ平易ナラシムルニ在リ之ニ反シテ專制君治ノ政體ニ在テハ大ニ之ト趣ヲ異ニセリ

臣民ノ其君主ヲ推戴スルヤ互ニ契約ヲ立テ以テ主治者トナリ被治者トナリシ者ニハ非ス蓋シ契約ハ之ヲ締結スルト同時ニ一人ノ裁判人ヲ定メ以テ其約束ニ違フ者ヲ正スニ非サレハ之ヲ眞正ノ契約トナス可ラス今專制君民ノ關係ヲ觀ルニ臣民ニハ君主ニ服從セサル可ラサルノ義務アレモ君主ニハ素ヨリ臣民ニ對シテ束縛セラルヽノ法規ナク又守ルヘキノ義務アルニ非ス故ニ君主ニ如何ナル行事

アリト雖モ臣民ハ敢テ之ニ向テ不服ヲ懷ク可ラサルカ如シ然ト雖モ君主若シ暴虐無道ヲ逞クシ臣民ヲシテ之ニ抵抗スルノ外他ニ其非ヲ格スノ道ナキニ至ラシムルコトアリ實ニ法律ノ監護人タルヘキ者ニシテ躬先ツ之ヲ破リ國家ノ秩序安寧ヲ維持スヘキ者ニシテ自ラ社會ノ紀綱ヲ紊リ臣民ヲ保護スヘキノ身ヲ以テ却テ之ヲ殘害スルノ人ト爲リ唯自己ノ情慾ヲ恣マヽニシテ惡虐ノ暴政ヲ施スニ至ラハ則チ其人民ハ正當防衛ノ權利ヲ回復スベキノミ但シ是時ニ至テハ法律ト云ヒ義務ト云フモ果シテ那邊ニ存在スルヲ知ル可ラス故ニ權理ヲ伸暢スルノ術ハ獨リ强力ニ依ルノ外ニ途ナキナリ凡ソ法律ニ威力ナクシテ正邪混淆

ニ歸スルトキハ勝敗ノ決ハ一ニ力ノ強弱ニ存スルハ即チ免ル可ラサルノ勢ナリ

然リ而シテ專制君治國ニ在テハ臣民其抵抗ノ權ニ依ラント欲スルモ法律ノ之ヲ救援スルモノナク單獨孤立以テ其君主ニ當ラサル可ラス又其場合ニ於テ果シテ抵抗權ノ存スルヤ否且ツ之ヲ用フルノ時機到レルヤ否ヲ知ラント欲スルモ獨リ自己ノ判斷力ニ依ルノ外他ノ方便アルヿナシ是ヲ以テ往古ハ抵抗權ヲ規定スルノ任ヲ以テ羅馬法王ニ委シ一國ノ臣民ハ如何ナル場合ニ於テ其君主ノ命ニ違背スルノ權利アルヤヲ定ムルノ權ヲ以テ宗教ノ首長ニ歸スヘシト主唱スルノ政治學者アリシ是レ全ク性質ヲ異ニス

ルノ二權即チ宗教ト政事トノ區別ヲ混淆シ且ツ耶蘇ガ正教會ニ教ヘタル教旨ヲ蔑視スル者ト謂ハサルヲ得ス耶蘇ノ法王ニ授與シタルノ權ハ單ニ法教ノ事ニ關シ嘗テ政治上ノ事ニ及ハザリシナリ

夫レ然リ專制君治ノ國ニ在テハ人民抵抗權ハ其理論上ニ於テ之ヲ定ムルコト難クシテ實際亦無効ニ歸スル丁此ノ如シ是レ畢竟專制政治ハ社會ノ草昧ニ屬スル者ニシテ而シテ君民互ニ强力ヲ事トシ唯力是レ視ル所以ノ者ハ要スルニ法律ノ缺典ニ是レ由ルナリ故ニ此抵抗權ヲ規定シ法規ニ從テ之ヲ施用セシメンカ爲ニ遂ニ立憲政體ヲ立テ以テ强力ノ勢ヲ防クニ至レリ

爾後代議政體ノ國ニ在テハ憲法ヲ以テ人民ニ言論ノ門ヲ開キ抵抗權ノ面目ヲ一變シ之ヲシテ規律ニ準依セシメタリ是ニ於テ專制ノ權ハ君主ヲ離レテ法律ニ移リ社會ノ秩序ヲ保持スルハ一ニ法律ノ力ニ是レ依ルコトナレリ故ニ苟モ法律ノ命スル所ハ人民必ス之ニ從ハサル可ラス是ヲ以テ立憲政體ノ國ニ在テハ兇器ヲ持シテ大路ニ强訴ヲ企ルカ如キハ罪ノ最モ大ナル者トセリ何トナレハ既ニ憲法ヲ以テ寃枉ヲ洗雪シ權利ヲ伸暢スルノ道ヲ人民ニ授ケタレハナリ

抑モ立憲政體ノ國ニ在テハ固ヨリ王位世襲ノ原則ヲ奉シ勤王忠君ノ主義ヲ尙フト雖モ亦タ法章ヲ設ケテ君主ノ權

威ヲ限制シ且ツ臣民抵抗ノ權利ヲ規定スルコトハ世人ノ能ク知悉スル所ナリ故ニ英佛兩國ノ如キ代議政體ノ國ニ於テハ君主ノ其權利ヲ行フモ臣民ノ其權利ニ依ルモ均ク放縱不羈ナルヲ得ス即チ君民互ニ國會ヲ以テ其間ニ發生スル所ノ紛議ヲ裁決スヘキ高等權ト爲シ苟モ人民ニ於テ抵抗ノ權利ニ依ラサルヲ得サルノ事アレハ即チ國會ニ於テ之カ辨理ヲナシ敢テ人民ヲシテ濫リニ粗暴ノ擧動ニ出テシメス此政法ニ據レハ君主ハ其尊榮無比ノ權利ヲ以テ政事界ノ騷擾ニ懸隔シ假令ヒ國事ニ如何ナル變動ヲ生スルモ災害決シテ其身ニ及フコト無ク若シ施政上ニ過失アレハ宰相自ラ其責ニ當リ僅ニ內閣更迭ノ一事ニ因テ施政

ノ弊ヲ矯正スルヲ得ヘシ是レ立憲政體ノ圓滑ナル妙機ノ然ラシムル所ニシテ人民ハ之カ爲ニ其粗暴ノ抵抗ニ夢想セズ國會ヲシテ代テ之ヲ行ハシムルニ安ンスルナリ然レモ抵抗權ニシテ單ニ宰相ヲ彈劾スルニ止マラシメハ其權タル寔ニ微々タリト謂ハサルヲ得ス況ンヤ國會ハ一已人ノ權利ヲ毀損セラレタヿアル每ニ宰相ヲ彈劾ス可キモノニアラサルヲヤ夫レ我佛國ノ如キ立憲政體ニ在テハ法律上自ラ範圍ニ限域アリ立法者ハ概シテ法律ノ大體ヲ定ムルニ止リ法律ノ施行ニ至テハ全ク行政官ニ於テ之ヲ主持スル者トス是レ勅令ヲ以テ規定スル所ノ事項其多キニ居ル所以ナリ而シテ此勅令タルヤ君主ノ職權內ニ於テ

定ムル所ニ係レハ法律施行ノ目的ヲ以テ發布セラレタル時ハ臣民ハ決シテ之ニ違背スルヲ得ス若シ之ニ背ク者アラハ君主ハ強テ之ヲ遵奉セシムルノ權アリ然レモ萬一此勅令ニシテ憲法ニ悖戻スルモノアレハ臣民ハ敢テ之ヲ遵奉スルヿヲ要セス勅令ノ適法ナルト否トハ即チ臣民ノ抵抗權ヲ生スルト否トノ因テ判ル丶所ナリ故ニ其適否ノ判定タル實ニ至大至重ニシテ國家利害ノ係ル所ナリ蓋シ其勅令ハ果シテ法律ニ適スルヤ否ヤ又其勅令ハ果シテ法律ヲ施行スルニ在ルモノニシテ敢テ法律ノ精神ヲ隱蔽セサルヤ否ヤ君主ハ果シテ憲法上所定ノ權限ヲ守テ敢テ立法官ノ領分ヲ侵犯セサルヤ否ヤノ諸點ヲ判定スルハ最モ至

難ノ事ナルヲ以テ憲法ハ臣民ノ微弱ナル智識ニ任シテ之ヲ判定セシムルヿヲ欲セス且ツ人民ヲシテ直接ニ君主ト爭フヿナカラシメンカ爲ニ民權ト君權トヲ併セテ之ヲ保護スル所ノ中立權ヲ設置シタリ裁判廳ノ制即チ是レナリ」勅令ノ法律ニ適スルヤ否ヤ又タ臣民服從ノ義務アルヤ否ヤヲ判定スルハ此裁判廳ノ職分トスル所ニシテ行政官ト雖モ裁判廳ニ於テ認可スルニ非サレハ能ク勅令ヲ行ハレシムルヿヲ得サルモノトス蓋シ此制アリ而シテ後ニ臣民タル者始メテ其一朝ノ過失按人民或ハ勅令ノ適法ナルモノヲ認メテ不法ナリトスルノ類ヲ云ニ依テ不測ノ害ヲ被ルヿナク假令ヒ之ヲ被ルヿアルモ單ニ裁判上ニ敗ヲ取ルニ過キサルヿヲ得タリ然レハ則チ

人民ノ抵抗權ヲ以テ之ヲ裁判廳ノ裁決ニ委スルハ是レ其自由ヲ保護スルノ一法ナリト謂ハサル可ラス是故ニ裁判官ニシテ誠ニ權利義務ノ重要ナルヿヲ信シ常ニ君民ノ間ニ確然正理ヲ維持スルトキハ其國ノ幸福實ニ之ニ過キスト雖ヒ若シ其剛毅ノ氣象ニ乏ク或ハ人民ノ空望ヲ買ハントシ或ハ勅令ニ諂阿シ以テ法ヲ枉ルニ至リ或ハ君權ニ對シテ無用ノ抵抗ヲ試ミ一方ニ偏シテ不正ノ裁決ヲ下スカ如キヿアラハ上下ノ不幸亦太甚シトス

爰ニ吾輩ノ注意スヘキ一事アリ即チ此裁判廳ノ權ハ如何ニ强大ナルモ亦無限ナル能ハサルヲ以テ法官タル者ハ能ク勅令ノ憲法ニ適スルヤ否ヲ審査スト雖ヒ法律ニ至テハ

全ク其權限外ニ在ルモノナリ論シテ是ニ至レハ人民抵抗ノ問題ハ更ニ一層ノ緊要ヲ加ヘサルヲ得ス即チ臣民ハ法律ニ違背スルノ權アルヤ否ノ問題是ナリ

凡ソ國法ハ臣民之ヲ遵奉セサル可ラストハ實ニ古今ノ大法ナリ然レ𪜈此國法ノ上ニ尚ホ一ノ遵奉スヘキ者アルヿヲ遺失ス可ラス即チ正理是レナリ抑モ正理ノ由テ來ル所ハ天ナリ法律ノ由テ來ル所ハ人ナリ左レハ正理ト法律トノ間ニ立テ其一ニ嚮從セサルヲ得サルノ場合アルトキハ人ニ從ハスシテ寧ロ天ニ從フヘシトハ是レサントポールノ教フル所ノ金言ナリ實ニ法律ハ人ノ良心上ニ權威ヲ有スル者ニハ非サルナリホシユエー言ヘルヿアリ權利ニ逆

フノ權利ナシト蓋シ立法者ト雖モ天地間萬般ノ事ヲ擧テ其法ヲ設クルノ權利アルニ非ス若シ其權限ヲ踰ヘ立法權ノ及ホス可ラサル事項ニマデ干渉スルニ至ラハ其事ハ多數人ノ好欲ニ出ルト否トヲ問ハス亦タ是レ不正ノ事タルヲ免レス何トナレハ多數人ノ上ニ尚ホ正理ト天賦ノ權利トアリテ存スレハナリ

抑モ人爲法ノ未タ制定セラレサルニ先テ人心ニハ既ニ自然ノ法則ヲ天ヨリ賦與セラレタルモノアリ故ニ此法則ハ如何ナル權威アル者ト雖モ敢テ之ヲ破ルヿヲ得サルナリ即チ人ノ父ニ命シテ其子ヲ屠戮セシムルカ如キノ法律ハ固ヨリ人民ノ遵奉スルヿヲ要セサルモノナリ然レ𪜈今日

ノ立法者ニシテ此ノ如キ法律ヲ設ケ天定ノ法則ヲ破ルコトハ殆ト絶ヘテ無キ所ナリ故ニ若シ政治家ニシテ其黨派心ヨリ故意ニ此天定法ト政法トノ區別ヲ混同シ以テ政府ニ抵抗シ法律ニ違背スルノ口實トナスコ無クンハ實際發生スル所ノ困難ハ極メテ少カルヘシ夫レ然リ人民天定ノ權利ハ政府ノ爲ニ傷損セラルヽコ殆ト絶無ナレハ之カ爲ニ人心ヲ攪動スルカ如キコハ幾ト吾人ノ實際ニ見サル所ナリ之ニ反シテ政治上ノ主義ニ至テハ人民或ハ之ヲ主張シ或ハ之ヲ保持センカ爲ニ干戈ニ訴フルコ其例實ニ少カラス而シテ此種ノ權利ハ夫ノ天定ノ權利ト大ニ其趣ヲ異ニスル所アリ蓋シ道義及宗教界ノ眞理ハ一定不易ニシテ

且ツ人類ノ安寧幸福ハ專ラ之ニ係ル者ナレハ人タル者ハ必ス之ヲ恪守セサル可ラス是故ニ天ハ人ニ與フルニ確然不拔ノ定則ヲ以テシ敢テ天地ノ大道ニ違フヿ勿カラシム然レモ政治界ノヿニ至テハ曾テ此ノ如キノ定則ヲ設クルノ必要アラサルヲ以テ天ノ人ヲ造ルヤ單ニ社會ヲ組織スヘキノ理ヲ教フルニ止リテ其社會ノ法則ヲ指定スルニ及ハス唯世勢國情ニ從ヒ其宜キニ應シテ人類ノ自ラ設定スル所ニ任スルノミ故ニ國家ノ構造體裁及政治ノ事ニ至テハ一定不易ノ眞理ナク万古不朽ノ通議アラス是ヲ以テ政體及ヒ人民政事上ニ有スル權理ノ限界ハ人類ニ於テ之ヲ變更シテ窮極ナキモ特ニ天地ノ大道ニ悖ラサルノミナラス一國ノ法

律ハ固ヨリ常ニ眞理ノ發顯スル者ニ非スシテ唯人ノ之ヲ眞理ト認ムルニ過キサル者ナレハ立法者ニシテ若シ之ニ違フヿアルモ唯政治上ノ不便ヲ生スルニ止マリ更ニ道義ニ害アルニ非サルナリ且ツ天定法ハ一定不易ニシテ人力ノ能ク變スル所ニ非サルモ政治上ノ權利ニ至テハ專人爲法ノ認定スル所ニ係レハ其之ヲ變更スルモ亦人意即チ制法者ノ自由ニ存スルモノナリ而シテ一國ノ立法者成規ニ依循シテ法律ヲ制定スル𪜈ハ人民ハ必ス之ヲ遵奉セサル可ラサルノ義務アリトス蓋各人ヲシテ各其心ニ道理トスル所ニ從テ恣マヽニ進退スルコトヲ得サラシムルハ最モ肝要ノ事ナリ若シ各人ヲシテ其思考スル所ニ從テ妄ニ法律ヲ

是非シ政治上ノ正理ニ恰當スルヤ否ヲ判定スルノ權ヲ有セシメハ是レ即チ國ヲ反亂無政ノ境界ニ陷ルヽモノナリ且ツ天ノ人ヲ造ルヤ其位地ニ從テ相應ノ智識ヲ賦與シタルモ天地間ノ森羅万象ニ渉リテ悉ク之ヲ一人ノ胸中ニ包括スルノ才器ヲ附與セス故ニ法律政治ノ如キ其範圍廣大ニシテ全國ニ渉リ万物ヲ擧テ其中ニ包含スル者ニ至テハ天下誰カ能ク悉ク之ヲ審査シ其果シテ正理ニ適合スルヤ否ヲ一々判定スルモノアランヤ然レハ則チ明確畫一ニシテ能ク各人ノ異見ヲ抑制シ以テ人民ノ義務權利及其本分ヲ指定スヘキノ法則ハ必須鈌クヘカラサル者ナリ
是故ニ正當ナル政府ニ對シテ不軌ヲ圖リ背反ヲ企テ或ハ

其命ニ違背スル者ハ亂臣賊子ヲ以テ之ヲ目セサル可カラズ而シテ此輩ハ獨リ政治上ノ罪人タルノミナラス亦道義宗教ノ罪人ナリ世上往々反逆ヲ以テ獨リ政治上ノ罪ニ止マルモノト爲ス者ナキニ非ス是レ甚タシキ謬見ニシテ實ニ全ク道義ノ萎靡スルニ基クモノナリ論者ハ曰ク凡ソ政治上ノ事ハ昨非今是今日法律ノ罪人タル者ト雖モ明日ハ褒賞ナキヲ期ス可ラス今人ノ非毀スル行事ト雖モ亦數日ヲ出テスシテ天下ノ美事トナルヿ有ルヘシ畢竟正邪ノ分ル所ハ一ニ力ノ强弱ニ在リト嗚呼是レ何ノ言ソヤ抑モ道理ハ決シテ事實ノ制スル所ト爲ルヘキ者ニ非ス正理公道ハ決シテ褒貶毀譽若クハ人定ノ法律ニ因テ定マル可キ

者ニ非ス然レハ則チ反逆ノ道義ニ反スルヿハ豈ニ之ヲ成就シテ榮華ヲ享有スルト其事成ラスシテ刑場ニ碧血ヲ濺クトニ係リテ變轉スルモノナランヤ立法者往々誤テ自ラ天定法ヲ造爲スルヿヲ得ルモノヽ如ク思惟スル者アリト雖モ其實僅ニ天定法ヲシテ能ク社會ヲ支配セシムルニ止マルモノナリ是ニ由テ之ヲ觀レハ凡ソ社會ノ事ハ正理必ス勝ヲ制スト謂フ可ラサルモ正理ニ基キ且ツ世界一般ニ承認セラレタル万國普通ノ法アルコトハ蓋シ疑フ可カラサル所ナリ

以上陳述スル所ヲ以テ觀ルトキハ以テ抵抗權ニ關シテ我政典ノ定ムル所ノ一斑ヲ知ルニ足ルヘシ茲ニ君權ノ存亡

ニ關シ若シクハ國運ノ安危ニ係ル一大事アリトセン乎人民其君主ニ抵抗スルノ權アルヤ否ト及先ツ法律ヲ破リタル者ハ果シテ君主ナルヤ否ヤヲ判定スルノ權ハ即チ國會ニ在ルナリ而シテ此重大ナル場合(幸ニシテ甚タ罕ナリ)ノ外君主ト臣民トノ間ニ立テ通常勅令ノ果シテ適法ナルヤ否ヤ果シテ憲法ニ悖戻セサルヤ否ヤヲ判定スルハ即チ裁判廳ニ在リ然レトモ立法者ニ於テ其意思ヲ言明シ三大部(即チ王ト兩議院)ニ於テ成規ヲ蹈テ法律ヲ制定頒布シタルモノナランニハ臣民ハ必ス義務トシテ之ニ服從セサル可ラス且裁判廳ハ別ニ審査ヲ須ヰス斷シテ之ヲ施行スルコトヲ勉メサル可ラス

以上通則ノ外臣民ニ於テ啻ニ立法者ニ默從スルヿヲ要セサルノミナラス却テ之ニ抵抗シ又ハ之ニ抵抗セサル可ラサルノ義務ヲ生スルノ塲合アリ即チ人爲法ノ及ホス可ラサル範圍內ニ侵入シ又ハ人ノ良心上ノ事ニ干涉シテ天定法ヲ破ラントスル時是レナリ然トモ教法ハ此際ニ處シ尙ホ槪ネ忍耐ノ抵抗（只耐忍シテ不正ノ法ニ從ハサルヲ云）ニ依ルヘキコトヲ命スルモノナリ是故ニテーフスノ兵士ハ己等ノ頭ヲ斷ツ者ニ對シテ暴擧ヲ企テンヨリ寧ロ從容死ニ就クヲ以テ快トシタリ

是故ニ國法ト天定法トノ間ニ相反スルヿアルトキハ人各其正理トスル所ニ從テ其嚮背ヲ决セサル可ラス蓋シ天ノ

人ヲ造ルニ靈魂智識ヲ賦與セシ所以ハ人ヲシテ時アリテ之ヲ活用セシメンカ爲ナレハ人ノ時アリテ之ヲ活用スルハ固ヨリ不可ナルヿナキナリ但天ハ人ニ與フルニ其智識ヲ活用スルノ道即チ宗教界ニ在テハ正教會又世俗界ニ在テハ國法ナル者ヲ以テシ之ニ神聖ノ質ヲ附シ之ニ從遵スヘキヿヲ教ヘタレハ人タルモノハ之ニ依テ其靈智ヲ活用スルヲ肝要トス

然ルニ羅馬教ト新教ト新教トノ間ニ於テ此事ニ關シテ著シキ異同アリ抑モ新教及羅馬教ノ徒ハ其君主ニ對シテ服從ノ義務ヲ守ルヤ均シク之ニ制限ヲ置キ國法ニシテ神法ト相背馳セサル限リハ之ヲ遵奉スヘク若シ其相背馳スルニ及ン

テハ君主ニ從ハスシテ寧ロ天ニ從フトスルハ一ナリト雖モ兩教相異ナル所ノ點ハ即チ羅馬教ニ在テハ凡ソ人民ノ存亡ニ關スル重大ノ事件ハ正教會ノ高等權之ヲ判決スヘキモノト爲シ新教ニ在テハ如何ニ重大ナル事件ト雖モ各人ノ判斷力ニ任スヘキモノト爲スニ在リ故ニ新教ノ徒ハ最大高尙ノ問題ト雖モ他人ノ力ヲ假ラスシテ各人自ラ其微弱ナル智識ヲ以テ去就ヲ決スルヘキ者トス是ニ由テ之ヲ觀レハ新教ノ徒ハ古今未タ曾テ完全ノ理學者アラサル現世界ニ於テ最モ判決スルニ難キ所ノ政治上ノ問題ヲ決スルノ智識アル者ト自信スルモノ如シ之ニ反シテ羅馬教ハ能ク人智ノ微弱ナルヲ察シ之ヲ助クルニ正教會ヲ以

テスト實ニ人間社會ノ福利上ヨリ論スレハ羅馬教ノ新教ニ越ユルコト果シテ幾階ナルヲ知ラザルナリ然レハ則チ羅馬教ハ人類ノ需用性質情慾及其智識ヲ斟酌シ之ニ相應シテ其教ヲ立テタル者ト謂フヘキナリ

第三章　官吏任用ノ事ヲ論ス

憲法第十三條ニ曰ク君主ハ行政諸官吏ヲ命ス

佛國君主ハ憲法ニ因テ法律ノ施行ヲ監督スルノ權ヲ有スル者ナリ然レモ百般ノ瑣事ヲ注意スルニ至テハ固ヨリ一人ノ躬カラ能クスル所ニ非ス且ツ君主ノ勅令ハ宰相ノ副署アルニ非サレハ效力ヲ有セサルヲ以テ君主ハ自ラ事ニ當ルヿ能ハス加之佛國ノ如キ行政事務ノ繁多錯雜ヲ極メタル所ニ於テハ安ンソ多數ノ官吏ヲ任使スルヿナキコトヲ得ンヤ然リ而メ此官吏等ハ君主ヲ輔ケ其命ヲ受ケテ政務ヲ執行スル者ナレハ之ヲ登用スルヿ固ヨリ君主ノ權ニ在ラサル可ラス是ヲ以テ憲法ニ君主ハ行政諸官吏ヲ登用

スヘキノ明文アリ又此官吏中司法官ト武官トヲ除キ其他ハ君主之ヲ免黜スルノ權アリトス

君主ノ百官ヲ黜陟スルヿ此ノ如キヲ以テ其勢力ハ實ニ洪大ナリ特ニ方今社會ノ形勢ヲ觀レハ天下ノ人民皆利祿ヲ慕ヒ青雲ノ志ニ熱シ爭テ身ヲ官途ニ寄セ其既ニ途ニ就ク者ハ其官益々高ク其位愈々貴カランヿヲ欲シテ止マサルノ情勢ナレハ政府ハ緊要ノ時機就中撰擧ノ際ニ當テ往々其權ヲ濫用スルヿナキヿ能ハス且ツ内閣ハ說ヲ爲シテ曰ク官吏ハ固ヨリ政府ニ服從セサル可ラサルノ義務ヲ負フ者ナレハ其投票ハ國會ニ於テスルト撰擧會ニ於テスルトヲ問ハス一ニ政府ノ爲ニスヘシト是レ蓋シ威權ヲ弄スル

ノ言ト謂ハサル可カラス抑官吏ト撰擧人及代議士トハ同一物ニ非ス豈ニ之ヲ混同スヘケンヤ即チ一ハ其職ヲ君主ノ好意ニ受ケタル者ニシテ一ハ法律上ノ權利ヲ施行スル者ナリ人ハ官吏トナルヤ其自由ノ一部ヲ放擲スルコトハ吾輩ト雖モ亦タ疑ハサル所ナリ且行政上ノ事務ハ衆員一致協合スルニ非サレハ其整頓進歩ヲ期ス可ラサルヲ以テノ故ニ官吏ニ於テ政府ヲ攻擊スルカ如キノ擧動アル可ラサルハ當然ノ義ニシテ是亦吾輩ノ異議ヲ挿マサル所ナリ故ニ官吏ニシテ宰相ヲ倒サント欲スル等ノ陰謀ニ加擔スルコトハ吾輩ノ最モ惡ム所ニシテ忠誠勤勉以テ其俸給ヲ受ケ誓約ヲ宣シタルノ政府ニ奉事スル者ハ吾輩ノ最モ感賞

シテ措カサルヽ所ナリ然リト雖𪜈是唯其職務ヲ執行スルノ間ニ止マリ其職務外ニ在テハ其獨立ナルヿ曾テ平人ト異ナル所ナカル可シ是ヲ以テ凡ソ人ノ私行ハ假令ヒ官吏ノ所爲ニ係ルト雖𪜈罕ニ之ヲ問フヿヲ得ルノミ投票又ハ撰擧ノ事ニ至テモ亦タ然リ是レ唯人々ノ良心ニ從テ行フヘキモノニシテ敢テ他人ノ干渉スヘキ所ニ非ス若シ國會又ハ撰擧會ニ於テ爲シタル投票ノ爲ニ官吏其職ヲ褫奪セラルヽカ如キヿアレハ之ヲ宰相其職權ヲ弄スルモノト謂ハスシテ何ソヤ

然レ𪜈官吏黜陟ノ權ハ固ヨリ政府ノ有スル所ニシテ古來曾テ輿論公議ノ外ニ之ヲ制限スヘキ者ハ絶エテ無キ所ナ

リ是ヲ以テ青雲ニ熱志ナル代議士ハ往々宰相ニ諂諛スルノ弊ナキヿ能ハス又タ君主ニ於テモ或ハ多數ノ代議士ヲ官吏ニ登用シ以テ其威權ヲ振張スルノ患ナキヿ能ハス而シテ或ハ辭柄ヲ設ケテ代議士ハ國民ノ撰拔シテ以テ國會ニ出ス所ナレハ其人必ス俊秀ナラサル可ラス然ラハ政府ノ之ヲ擧テ官吏トナス亦自然ノ理ナラスヤト云フ然レモ此代議士タル者ハ必スシモ器量才識ノ人ニ超エタルニ非ス或ハ唯其獨立ノ地位ニ在ルカ爲ニ撰擧セラレタルモ亦タ知ル可ラス果シテ此ノ如キ者ナラハ之ニ官職ヲ授ルハ即チ撰擧人ノ期望ヲ蔑如スル者ト謂ハサル可ラス是ヲ以テ代議士ニシテ官職ヲ受ケタル者ハ國民ヲ代理スルノ任

ヲ辭シタル者ト見做シ再撰擧ニ於テ再ヒ當撰スルニ非サレハ代議士タルヿヲ許サス唯海陸軍士官ノ如キハ其進級專ラ新舊ノ順序ニ依ルカ故ニ例外トスルノミ是レ新舊ノ順序ニ依テ人ヲ進ムルハ恩惠ニ非スシテ法律上ノ權利ヲ享有スルニ異ナラサルモノナレハナリ

此外尚ホ間接ニ君權ヲ制限スル者ハ內閣宰相ヲ撰任スルノ一事是ナリ抑宰相ハ政府ニ於テ最上位ヲ占メ君主ノ一事ヲ行フニモ必ス其意見ヲ採ラサル可ラス又君主ノ其思想ヲ表出スルニ當テモ必ス之カ輔助ニ依ラサル可ラサル者ナレハ之ヲ任スルノ權ハ固ヨリ君主ニ存セサル可ラス是レ世人ノ異議ヲ容レサル所ナリ然レ𪜈宰相ヲ撰任ス

ルノ一事ハ行政權ノ最モ肝要ナル職務ニシテ世人之ヲ以テ君主ノ意思ノ所在ヲ察スルノ寒暖計ト爲シ此ニ依テ國是及ヒ政府ノ主義政略ノ所在ヲ知リ又タ國中諸政黨カ互ニ自己ノ黨說ニ依テ社會ヲ支配シ且廟堂ニ立テ政柄ヲ掌握セント欲シテ動搖シテ止マサルモ亦此一事ニ在ルカ故ニ代議政體ハ國ニ在テ宰相ヲ撰任スルヿハ他ノ事項ニ比シテ最モ遜讓ノ精神ニ基カサル可ラス

君主ハ自己ノ專斷ヲ以テ宰相ヲ撰任スルノ權アリト雖モ國會ニ於テ亦タ之ヲ拒絕スルノ權アリ國會ノ此權タル或ハ直接ニ之ヲ行フ可ラサルモ國民固有ノ權利タル納稅議決ノ權ヲ以テ政府ノ議案ヲ廢棄スレハ則チ間接ニ宰相ヲ

拒ムト何ソ擇ハンヤ此ヲ以テ世上往々此權利ヲ推擴シ終ニ宰相ノ撰任ハ君主ノ自由ニ非ス眞正ノ主權者ハ君主ニ非スシテ國會ニ在リト云フカ如キ理論ヲ主唱スル者アルニ至レリ

論者曰ク凡ソ百般ノ事業ハ皆ナ國會ニ於テ之ヲ討議評決シタル後始メテ能ク行ハル加之憲法上君主獨有ノ權利ニ歸スルカ如キ事項ト雖モ尙ホ內閣ノ同意ヲ待ツニ非サレハ君主之ヲ專斷スルヿヲ得サルモノトス然ルニ此內閣ナル者ノ性質ヲ察スレハ全ク國會ニ從屬シ其責任ノ如キハ君主ニ對スト謂フ可ラスシテ寧ロ國會ニ對スト謂フヘク之ヲ組織スル宰相ヲ任スルハ君主其信愛スル者ヲ撰フヲ

得スシテ國會ノ多數ニ於テ指定シ且此多數ニ於テ維持スヘキヿヲ承諾シタル者ヲ取ラサル可ラス而シテ又內閣ノ施政國會多數ノ議論ニ戾ルヿアレハ國會ハ直ニ其宰相ヲ黜ケ假令ヒ君主ニ於テ其人ト爲リヲ信愛シ其政略ヲ嘉ミスト雖モ敢テ國會ノ爲ス所ヲ拒ムコトヲ得ズ此ノ如ク宰相ハ議院多數ノ望ヲ失フト同時ニ其職ヲ退カサル可カラサル者ナレハ其一議案ヲ提出シ若クハ廢棄スルモ亦國會多數ノ意ニ悖ラサルヿヲ確信スルノ後ニ非サレハ之ヲ爲ス可ラス是ニ由テ之ヲ觀レハ一國統治ノ權ハ君主ニ在ラスシテ寧ロ國會ニ在リト謂フ可キナリ今假ニ君主ニシテ宰相ニ命シ國會多數ノ意ニ戾ルノ政治ヲ施ストセン乎其

宰相冠ヲ掛テ去リタル後ハ復タ他ノ宰相ヲ擧テ内閣ヲ組織セシメサル可ラス此時ニ當テ君主尙ホ其意ヲ固執シ國會ニ抗セント欲スレハ新内閣モ亦タ國會ノ衝ニ當テ碎破セサルヿヲ得ス蓋シ議院ニシテ一ノ必要ナル法律ヲ廢スレハ則チ政府ノ機關之カ爲ニ其運轉ヲ阻擱スルカ故ニ苟モ議院ノ意見ニ背テ政ヲ施サントスレハ如何ナル宰相ト雖モ其地位ヲ保ツヿヲ得サルナリ是故ニ宰相ハ議院ノ多數ヲ失スレハ則チ去ルトハ是レ政治上ノ格言ニシテ實際復タ然ラサルコトヲ得スト

右ノ如キ論者ハ是レ議論ヲ以テ反對ノ極端ニ趨リ國會ヲシテ亦自ラ其權利ヲ濫用セシムル者ト評セサルヿヲ得ス

夫レ君主ニシテ國會多數ノ意見ヲ蔑如シ其望ニ副ハサルノ宰相ヲ以テ政ヲ施サント欲スルカ如キヿアラハ必スヤ國會トノ間ニ軋轢ヲ生シ其結果ハ不幸ニ歸セサルコトヲ得サルハ論者ノ言ノ如シト雖モ顧ミテ方今國會ノ組織ヲ察スレハ固ヨリ一局議院ヨリ成立スルニ非ス然レハ則チ其一切ノ意志ハ常ニ君主ヲ制スルコトヲ得ヘシト爲ス可ラス夫レ二院ノ設アリテ其利益希望ノ屢々相異ナルノミナラス或ハ相反スルヿアルノ時ニ方テハ君主ト兩院トノ三權ハ互ニ相讓ル所ナカル可カラス况ンヤ君主ニハ代議院ノ解散ヲ命シ又元老議官ヲ增員シ以テ其多數ヲ破ル等ノ術ニ乏シカラサルヲヤ是故ニ國會ニシテ君主ニ强フル

ニ法律ヲ以テセント欲スルドモ兩院ノ議相合シ之ニ加フルニ輿論公議ノ之ヲ維持スルニ非サレハ到底行ハレ難キノ事ナリ又行政權ニ教命シテ已レカ指定シタル宰相ヲ擧ケシメント欲セハ此内閣ヲ組織スヘキ者ハ均シク元老代議兩院ノ同意一致スルニ非サレハ行ハル可ラス又現立ノ政府ヲ倒サント欲スルモ兩院ノ議一致シテ共ニ現立ノ宰相ニ反對シ之ヲ擯斥スルニ非サレハ之ヲ行フヿヲ得サルナリ然リ而シテ果シテ兩院一致シテ現立ノ内閣ヲ擯斥スルノ時勢ニ至ラハ是レ宰相ノ擧動實ニ民望ニ副ハサルヿ疑ナキナリ此時ニ至テハ君主必ス其宰相ヲ黜ケサル可ラス然レドモ此ノ如キハ君主國會ノ命ニ從フモノト謂フ可ラス唯

君主ノ聰明ナル曩ニハ一時ノ過失ニ依リテ其任ニ適セサル者ヲ擧用シタレ𪜈今日公議ヲ代表スル人々ノ注意ニ依リ其非ヲ悟リタリト謂フヘキノミ是レ猶ホ日光ノ黑雲ニ遮キラレ一時其光ヲ失シタルモ一陣ノ晴風雲ヲ拂フニ及ンテハ忽チ復タ朗日ヲ見ルト一般ナルノミ

之ヲ要スルニ内閣ハ國中ニ人望アル者ヲ以テ組織スヘク此人望アル者ハ之ヲ現存ノ政黨中ニ採ルヘシ又タ宰相撰任ノ一事ハ施政針路ノ由テ定マル所ノ重要ノ件ナレハ宜ク國民ノ代議士ト協議シテ然ル後ニ之ヲ行フヘシ蓋シ政黨ハ其眞僞ヲ問ハス又其請求ノ理否ニ拘ハラス皆ナ眞實ノ者ト爲シ假令ヒ不平ノ餘ニ出ル者ト雖モ尚ホ其言ヲ聽

キ之ヲ採納スルヿヲ妨ケス決シテ之ヲ以テ意ニ介スルニ足ラストナサヽルヲ要ス率チ政府ハ國會ニ與フルニ其請求スル所ノ半ヲ以テシテ之ヲ滿足セシムルヿヲ得ルナリ」輿論公議ハ宰相撰任ノ事ニ其勢力ヲ及ホスハ獨リ代議政體ノ國ニ於テノミ然ルニ非ス時アリテハ專制政府ト雖モ亦之ニ讓ラサルコトヲ得ス故ニ路易十四世ノ時ニ當テハ佛國ニ國會ノ設ナカリシト雖モ尚ホマサランヲ黜ケタルカ如キハ則チ此例ト爲スヘキナリ

宰相撰任ノ一事ニ關シテハ君主カ國會ノ議論ヲ斟酌セサル可ラサルヿ此ノ如シト雖モ其他ノ官吏ヲ撰任スルニ至テハ則チ君權ノ制限ハ極メテ微ナリ唯若干ノ職務ニ就テ

ハ法律ヲ以テ其任ニ適スヘキ者ノ資格ヲ定メ此資格ヲ具フル者ニ非サレハ君主ト雖モ其職ニ擧クルヿヲ得サルノ制トス例ヘハ裁。判。官。ハ法律卒業生ニ非レハ之ヲ任用スルコトヲ得ス又武。官。ハ臨時特別ノ場合即チ軍功等アルノ外ハ若干年間職ヲ一官ニ奉シタル者ニ非サレハ昇進スルコトヲ許サヽルノ類是ナリ但シ中佐以下ニ至テハ新舊ノ順序ニ從テ昇進セシムル者其數極メテ少ナリ闕員ノ三分一(又某官ノ若キハ其半數)ハ必ス君主之ヲ撰任ス是レ兩ツナカラ勉强ト競爭トヲ奬勵スル所以ナリ

君主ハ獨リ官吏ヲ撰任スルノ權アルノミナラス又、タ、之、ヲ、黜、ク、ル、ノ、權、アリ然レモ此ニ例外アリ其最モ著シキ者ハ裁

判官ナリトス抑モ裁判官ハ公衆ヲ敵トシ若クハ君主ヲ敵トシテ正邪曲直ヲ判決スル者ナレハ生涯其職ニ居テ恣マヽニ免黜セラルヽノ憂ナカラシムルヿ最モ肝要ナルヲ以テ其一タヒ撰任セラルヽヤ即チ終身其官ニ任スヘキ者トス又武官ニ至テハ其理由ハ之ト異ナリト雖モ亦均シク例外タリ蓋シ海陸軍士官タル者ハ貨利ノ所得アラサルノミナラス常ニ硝煙彈雨ノ間ニ往來シ青年血氣ノ時ヲ艱難苦行ノ中ニ消費シ老衰ニ及テハ概ネ不具癈疾ト爲リテ止ム者ナレハ之ニ特別ノ保護ヲ與フルハ固ヨリ當ニ然ルヘキモノナリ故ニ君主ハ士官ノ職ヲ免スルノ權アレトモ其官位ニ至テハ終身其身ニ附屬シ法衙ノ裁判宣告ニ依ルニ非

サレハ之ヲ褫奪セサルモノトス
又千八百十六年四月廿八日ノ法律第九十一條ニ書記代書人及使吏ハ其職務ヲ賣買スルヲ得トアルヲ見テ說ヲ爲ス者ハ曰ク此等ノ職務ハ終身官ト謂フ可カラサルモ亦以テ奪フ可ラサルノ職務ト謂フヘキ乎ト是レ決シテ然ラス試ニ法律ノ明文ニ照シテ見ルトキハ其然ルヤ否ヲ知ルニ足ルヘシ其文ニ曰ク其職ヲ免セラレタル者ハ其後任ヲ薦メ以テ皇帝ノ叡慮ヲ上請スルノ權利ヲ有セスト（佛國ニ於テ代書人書記使吏等ノ職務ヲ人民ノ間ニ賣買スルニ當テハ必ス皇帝ノ叡慮ヲ請ヒ其裁可ヲ得サル可ラサルノ例トス）是ニ由テ之ヲ觀レハショーヴホー氏カ反對ノ說ヲ唱ヘタルハ全ク誤ル者ト謂フヘシ又爰ニ一言スヘキハ此賣官ノ弊タル

夫ノ官吏處刑ヲ受ケタル時ノ如キ場合ニ際シテ巧ミニ其權ヲ行フコアルヲ知ラハ怨ナニ之ヲ妨止スルノ術ナキニ非サルヘシ

以上陳述スル所ノ制限ハ極メテ微ナル者ナレハ君主百官ヲ黜陟スルノ大權ハ尚ホ充分ノ餘裕アルナリ今此章ノ要旨ヲ略言スレハ則チ君主ハ百官ヲ黜陟スルノ權ヲ以テ恩惠ヲ配布シ衆庶ノ尊敬ヲ得又有司ヲシテ服從セシムルニ足ルヘシト雖モ若干ノ制限アリテ其權ヲ抑束スルコヲ免ルヽ能ハス即チ某々ノ官吏ヲ命スルニ當テハ法律上ニ定メタル若干ノ約束ニ從ツヲ要ス此場合ニ於テハ法律ハ資格ヲ指指定シ君主ハ其人ヲ撰任スル者ト謂フモ不可ナル

ヿナシ尙ホ爰ニ肝要ナル件アリ即チ君主ハ官吏ヲ命スレトモ其職權ヲ定ムルヿ能ハサルヿ是ナリ此職權タル一タヒ法律ノ定ムル所トナルニ於テハ復タ變更ス可ラサル者ニシテ官吏ハ絕エス法律ト裁判廳トノ監督ニ從ハザル可ラザルナリ

第四篇　司法權ノ事

憲法第四十八條ニ曰ク君主ハ裁判ノ源ニシテ裁判官ヲ撰任シ裁判官ハ君主ノ名ヲ以テ裁判ヲ行フ者トス

夫レ一ノ思想深ク民心ニ浸染シ固ク脳髓ニ凝着シテ遂ニ之ヲ以テ一國ノ風俗慣習ヲ養成スルニ至テハ一朝容易ニ此思想ヲ變更ス可ラス故ニ方今事々物々皆道理ニ照ラシテ之ヲ論スルノ時勢ニ際スルモ陳腐固陋ノ僻説ヲシテ未タ全ク跡ヲ社會ニ絶タシムル能ハス今日ノ政事上尚ホ斯ル僻説ヲ存スルヿ毫モ宗教道義界ニ於ケルト異ナラサルナリ其僻説ノ趣タル政體ニ從テ各々異同アリト雖モ人民

一ノ主義ニ僻シ之ヲ以テ其國體ノ基礎トナスニ至テハ一ナリ即チ共和政治國ニ在テハ主權在人民ノ說、君主專制國ニ在テハ帝王爲神種ノ說ノ類是ナリ獨リ立憲帝王政ニ至テハ其故法專ラ折衷調和ニ基キ熟慮審察ヲ加フルニ非レハ敢テ輕卒ニ事ヲ決セサルカ故ニ此ノ如キノ僻說ハ自ラ罕ナリ然レモ佛國今日ノ憲法ハ他ノ代議政體ニ於ケル憲法ト異ナル所アリ是ヲ以テ其果シテ如何ナル精神ヲ以テ制定セシヤ又何ナル機會ニ於テ改革シタルヤ之ヲ略說スルハ頗ル緊要ノ事ナリトス

抑佛國最初ノ憲法ハ專制獨裁ノ君主時世ノ風潮ト國民ノ希望トヲ察シテ之ヲ制定シ以テ人民ニ福利ヲ恩與シタル

者ナレハ當時ノ人民ニ在テハ唯君恩ノ優渥ナルヲ謝シ敢テ妄ニ憲法ノ是非ヲ論スヘカラサリシヿハ固ヨリ言ヲ待タサル所ナリ然レ圧其後千八百卅年ノ革命亂起リ「ブールボン」王家ノ滅亡スルニ及テハ全ク之ニ反シテ憲法ノ改革一ニ人民ノ手ニ成リ君主ハ啻ニ之ニ參與スルヿヲ得サリシノミナラス新ニ佛國ニ王タラン者ハ此憲法ニ遵テ國家ヲ統治スヘキヿヲ誓約スルニ非サレハ即位スルヿヲ許サスト明言スルニ至リシヲ以テ專制君治ノ傾斜ハ此時ニ於テ全ク消滅スヘキノ理ナレ圧當時ノ狀勢ヲ回顧スレハ時勢頗ル切迫シ若シ代議院ニ於テ憲法ノ改正ヲ遲延スルトキハ國家ハ瓦解立トコロニ至ルノ形勢ナリシヲ以テ夫ノドセ

シヱルニ非サルモ三日ニシテ憲法改正ノ業ヲ了ラサル可ラサルノ時機ナリシハ蓋シ世人ノ熟知スル所ナリドセシエルハ佛國ニ於テ有名ナル彼ノ國民議會ノ議員ニシテ治國掌事官ノ一人ナリ千七百九十二年佛國ノ王權激變ニ依テ俄ニ地ニ墜ツ立法議院ニ個ノ布告ヲ發シテ國民議會ヲ招集ス同年九月廿一日國民議會ヲ開ク其集會ノ初日王政ヲ廢シテ共和政治ヲ建ツ又九名ノ委員ニ命シテ憲法ヲ起草セシム數月ニシテ稿ヲ脱ス有名ナル哲學者コンドルセー委員ニ代テ法案ヲ提出ス然レトモ當時及倫黨（ジロンド）ト山岳黨ト互ニ政權ヲ爭フテ理論上ノ討議ヲ爲スニ遑アラス其後及倫黨敗スルニ及ンテ漸ク憲法ノ業ニ就クヿヲ得タレトモコンドルセーノ提出シタル草案ハ及倫黨ノ說ニ基クヲ以テ勝利者タル山岳黨ノ意ニ適セス依テ更ニ治國掌事官ニ命シドセシエル、ラメル、マチユー、クートン、サンジユスト等ト共ニ改案セシム兩三日ヲ經テ即千七百九十三年六月十日起草者ドセセシエル新草案ヲ以テ衆議ニ附ス同月廿四日議決直ニ全國撰擧八ノ撰擧會ニ廻送シ可認セシム」此處ノ論旨ヲ略言スレハ千八百十四年ノ憲法(即上文ニ所謂最初ノ憲法

是ナリ）ハ欽定ナルヲ以テ專制君治ノ傾斜ヲ免レサル乛固ヨリ言ヲ待タサレ圧千八百三十年ニ至テハ人民ノ獨斷ヲ以テ憲法ヲ改革シタレハ專制ノ臭氣ハ此時ニ於テ全ク消滅スヘキカ如シ然ルニ今日尚第四十八條ノ如キ立黨政體ト相背馳スルノ條欵アルハ黨法ノ改正倉卒ニ出テタルニ由ルト云フニ在リ憲法ノ改正既ニ斯ノ如ク倉卒ニ出テタルモノナレハ其事業亦タ素ヨリ完全ナルコトヲ得ス故ニ其現ニ弊害ノ存シタル所ノ條欵ハ之ヲ改正シタレ圧憲法ノ主義原則ニ至テハ之ヲ顧ルニ遑アラサリシナリ故ニ現今ノ憲法中尚ホ路易十八世カ專制政治ノ臭氣ヲ帶ヒ往々今日ノ立憲政體ト相背馳スルカ如キノ條欵ナキヲ得ス憲法第四十八條ニ君主ハ裁判ノ源ナリト謂フカ如キハ即是類ニシテ全ク妥當ヲ缺クノ語ト謂ハサルヲ得ス況ヤ之ヲ實施セントスルニ於テヲヤ夫

レ裁判ハ猶ホ法律ノ如ク之カ執行ヲ掌ルハ固ヨリ君主ノ權內ニ在リト雖モ之ヲ行フノ權ハ全ク司法權ニ屬スルコ猶ホ法律ノ立法權ニ於ルカ如シ又裁判ヲ宣告スルニ君主ノ名ヲ以テスルモ君主ノ之ニ干渉セサルコハ猶ホ法律ヲ頒布スルニ君主ノ名ヲ以テスルモ其實君主ハ一モ之ヲ變更スルコヲ得サルカ如シ故ニ裁判ハ君主ノ名ヲ以テ之ヲ執行スト雖モ君主ハ其機關ニ非ス之レカ機關タルヘキ者ハ君主之ヲ撰任シ法律上之ニ終身在職ノ權ヲ與ヘタル人ニ限ラサル可ラス若シ否ラスシテ君主ノ一身ニ三大權立法、行政、司法、ヲ併有セハ則チ是レ專制政治ニ外ナラス苟モ政權分立ノ主義ヲ以テ國體ノ基礎トナスノ國ハ裁判ノ獨立不羈ヲ

ルヿ立法ヨリモ更ニ大ナラサルヲ得ス何トナレハ則チ法律ハ尚ホ君主ヲ待テ而ル後ニ之ヲ制定スト雖𪜈裁判ノ事ニ至テハ毫モ君主ノ干渉ヲ容レサル可キモノナレハナリ」佛國ニ於テ行政ト司法トノ間ニ區別アルヤ久シ是レ獨リ大革命亂ノ時ニ始マルニ非ス而シテ此區別ハ今日ニ至テ日一日ヨリ益々明晝ナランヿス遠ク立憲議會カ政權分立ヲ布告シタル以前ヲ顧ミルモ此區別ハ既ニ我政法ノ原則ニ存シタルヲ見ルヘシ故ニ君主ハ身躬ラ裁判ノ事業ヲ執行ス可ラストハ佛國ニ於テハ古往傳來ノ格言ナリ是レ他ナシ法律制定ノ權ト之ヲ執行スルノ權トヲ擧テ一手ニ委スルトキハ國憲ヲ破却シ政典ヲ廢止シ百般ノ事業凡テ大權掌握

者一人ノ隨意ニ歸シ法律ノ存廢ヲ以テ其人時々ノ意向ニ任スルト齊シキ者ナレハナリ故ニ君主ハ裁判ノ源ナリト云フノ語ヲ憲法ノ明文ニ存スルカ如キハ到底不妥當タルヿヲ免レス然ルヲ憲法改正ノ當時ニ在テ此條欵ヲ存シタルモノハ全ク當局者ノ過失ナリ蓋シ憲法ハ諸法律ノ根本ナレハ其主義ヲ研究スルニハ精又精ヲ加ヘ密益々密ヲ悉サヽル可ラス然ラスンハ弊害將ニ測ラレサラントスルナリ今吾輩カ爰ニ論辨スル所ノ語ノ如キモ原ト其趣意ノ誤レルヨリ又他ニ誤謬ナル原則ヲ生シタリ即凡ソ疑ハシキ事アルノ場合ニ於テ特ニ之カ判決ヲ下スヘキ任務ヲ有スル者アラサル時ハ該疑件ヲ裁決スルノ權ハ本然君主ニ屬

スヘシトノ原則ヲ生出スルニ至レリ
君主ハ司法上ニ直接ノ勢力ヲ及ホス可ラサルヿ一般ノ通例ナリトス只二三ノ變則ナキニ非スト雖㆑是等ハ素ヨリ憲法ノ精神ニ背違スルモノナレハ早晩消滅シ去ラサルヲ得ス(此變則ハ後段ニ至テ將ニ之ヲ詳說セントス)今假リニ裁判ヲ以テ君主ニ源スルモノトスルモ君主ハ裁判ノ機關ニ非ス裁判ハ君主ノ名ヲ以テ行ハルヽト雖㆑君主自ラ之ヲ執行スルモノニ非ス又訴訟人等モ君主ヨリ直ニ裁判ノ宣告ヲ受ケスシテ裁判ヲ宣告スヘキ者ハ元ト君主ノ撰任ニ係ルト雖㆑其一タヒ職ヲ得ルヤ全ク獨立ノ位地ヲ得ルノ裁判官ニ限ルハ蓋シ衆人ノ吾輩ニ同意セサルヲ得サル

所ナリ

然リト雖モ君主ハ裁判上全ク無勢力ノ者ニ非ス例ヘハ司法權ノ最モ重要ナル刑事ノ如キニ至テハ裁判所ニ求刑スルノ權及ヒ特赦ニ依テ裁判所ノ判決ヲ無効トナスノ權ノ如キハ皆獨リ君主ノ握有スル所トス但シ君主ハ裁判官ヲ撰任シ之ニ與フルニ聽訟ノ權ヲ以テスルヲ得ト雖モ此ノ撰任ハ君主之ヲ恣マヽニスルヲ得ス必ス法律ニ定メタル資格ヲ具ヘ裁判官ノ職務ニ堪能ナル者ニ非サレハ之ヲ登用スルヿヲ許サス而シテ君主ノ一タヒ裁判官ヲ撰任スルヤ復タ其職ヲ免スルヲ得ス是レ撰任ノ他ノ官吏ト異ナル所以ナリ蓋シ裁判官ノ職タル行政官ト臣民トノ間ニ立チ君主

ノ利益ニ反對スル者ト雖モ正當ニ之ヲ判決セサル可ラサルカ故ニ其職ニ在ル者ハ必ス中立ノ位地ヲ保ツヲ要ス是ヲ以テ君主一度ヒ裁判官ヲ撰任シ之ニ授ルニ官位ヲ以テスレハ法律ハ則チ之ニ終身在職ノ特權ヲ附與シ以テ其職ヲ守ルヲ得セシムルナリ夫レ裁判官ノ判決ヲ下スヤ專ラ法律ヲ以テ規矩トシ決シテ畏懼欲望等ノ念ヲ挾ミ之カ爲メニ正理公道ヲ枉ク可ラス然ルニ裁判官若シ政府ノ威迫ニ屈セス其良心ニ從ヒ自ラ信スル所ヲ斷行シタルカ爲メニ其職ヲ免セラルヽノ憂アルカ如キハ畏懼欲望ノ念ヲ抱カサランド欲スルモ得サルナリ故ニ裁判官ヲシテ眞ノ獨立ヲ保タシメント欲セハ必スヤ法律ヲ設ケ裁判官ノ爲ニ此

憂ヲ除カサル可ラス抑司法ノ權ハ一方ニ於テ君主ノ專權ヲ防遏シ以テ臣民ノ權利ヲ保護スヘキ保障トナリ行政ノ事業ヲ官査シ苟モ不正ト認ルコアレハ正當ニ之ヲ裁判シ法ヲ曲テ之助クルコヲ爲サス又一方ニ於テハ臣民ヲシテ君主ニ服從ヲ致サシメ法律ニ定メタル懲罰ヲ施行シ以テ不良ノ徒ヲシテ正道ニ歸シ君主ニ服從セシムルコヲ掌ル者ナリ故ニ此權ハ必ス獨立セサル可ラス今假リニ裁判官ヲ以テ民撰ト爲シ其職務ヲ有限ノ時間ヲ保ツ者ナラシメン乎當撰者ハ第一ノ義務タル法律ノ適施ニ猶豫シ優柔不斷ノ弊ニ陷イラサルヲ得ス又之ニ反シ裁判官ヲ以テ專ラ君主ニ服從スヘキ者トセン乎必スヤ卑屈ニ陷リ唯行政ノ機

械ナラサルヲ得サルヘシ然レハ則チ裁判官ハ必ス之ヲ獨立セシメサル可ラス而シテ裁判官ヲ獨立セシムルノ最良法ハ之ヲ終身官トナスニ在ル耳是ヲ以テ憲法ハ裁判官ニ附與スルニ此貴重ナル特權ヲ以テシ君主ト雖モ敢テ之ヲ毀損スルヿヲ得サラシム且此特權ハ獨リ裁判官タルノ官位ヲ失ハシメサルノミナラス其職務名稱モ亦タ終身之ニ附屬スヘキモノトスルカ故ニ君主ハ口ヲ榮轉及其他ノ原由ニ藉クモ裁判官ヲシテ其任所ヲ去ラシムルヲ得ス是レ他ナシ若シ此ノ如クセスンハ君主各處ニ裁判官ヲ轉任セシメ其貴重ノ特權モ亦タ無効ニ歸セサルヲ得サレハナリ

夫レ法官ノ職務ヲ行フヤ此ノ如ク其レ獨立ヲ得セシムト雖モ亦タ全ク不羈無撿束ナルヲ得ス況ンヤ王權ヲ害シテ獨リ其權威ヲ恣マヽニスルニ於テヲヤ故ニ裁判官ハ其受理シタル所ノ訴訟ニ關シテハ正當ノ判決ヲ下スヘキモ敢テ行政上ノ事務ヲ妨碍スルヿヲ得ス假令ヒ口ヲ法律ノ施行ニ藉クモ法令ヲ設ケ以テ行政權ヲ蠶食スルカ如キハ司法權ノ決シテ爲ス可ラサル所トス

又控。訴。裁。判。所。ノ如キハ特ニ其裁判所長ノ招集若クハ一局總員佛國控訴裁判所ハ分テ民事局、輕罪裁判所ノ判決ニ對スル控訴ヲ裁判スルノ局及重罪取調局トス此內ノ一局ヲ謂フ（千八百十年七月六日布告）ノ請求アルニ非サレハ總會議ヲ開ク可ラサルモノトス而シテ苟モ總會議ヲ開ク時ハ撿事長必

ス之ニ臨席シテ其會議ノ趣旨ヲ司法卿ニ上申スルノ例トス又此裁判所員ノ旅行スルニ當テハ特ニ司法卿ノ許可ヲ受ルヲ要ス然ラサル者ハ其任所ヲ離レ又ハ外國ニ往ク等都ヘテ法律上ニ定メタル日數ヲ過ルヲ許サス裁判官若クハ檢事法律上又ハ行政規則ヲ以テ定メタル成規ニ依テ賜暇ヲ得スシテ旅行シタル者ハ其不在中給料ヲ附與セス若シ六ケ月ヲ過テ歸任セサルトキハ退職者ト認メ後任ヲ命スルコトアルヘシ（千八百十年四月廿日布告）若シ司法卿ノ許許可ヲ得ス若クハ公信ヲ以テ歸任ヲ促カスニモ拘ハラス恣マヽニ日數ヲ過テ歸ラサル者アレハ之ヲ退職者ト見做シ君主ハ其後任者ヲ命スルノ權アルヘシ

且ツ夫レ司法ノ職タル高尚ニシテ貴重スヘキモノナルカ故ニ裁判官タル者ハ其責他人ニ比シテ更ニ重ク其品行モ

亦タ一層端正ナランコトヲ要ス是ヲ以テ裁判官ニ於テ若シ其職ヲ瀆スカ如キ行アルトキハ檢察官ハ君主ニ代テ之カ譴責ヲ求メ又ハ其職務ヲ停止セラレンコトヲ請フコトヲ得ルモノトス但裁判官ノ職務ヲ停止スヘキ場合ニ在テハ司法卿ニ禀議シ其裁決ヲ請ハサル可ラス又事重大ニ渉ルトキハ司法卿自ラ該裁判官ヲ召喚シテ事實ヲ辨解セシメ若クハ之ヲ大審院ニ致シテ果シテ其職務ヲ停止スヘキヤ否ヤヲ判決セシムルモノトス

又裁判官ヲ以テ終身其職ニ在ルヘキ者ト定メタルハ素ヨリ正理公道ヲ重シ訴訟人ノ利益ヲ圖ランカ爲メニスル者ナレハ裁判官ノ老耄若クハ不具癈疾ニ陷リ到底其任ニ堪

ユ可ヲサルニ至テハ永ク之ヲ裁判官ノ職ニ居クヘキニ非ス此ノ如キハ則チ憲法ノ精神ニ背戻スルモノナリ又治産ノ禁ヲ宣告セラレタル裁判官ノ如キ之ヲモ尚君主ノ代人ト稱シ裁判ヲ爲サシムルハ豈ニ恥ツヘキノ甚キニ非スヤ故ニ此ノ如キ場合ニ際シテハ司法卿ハ君主ニ上奏シ其後任ヲ命セラレンコトヲ請フノ權アルモノトス然レ𪜈司法卿カ右後任ノ事ヲ發議スルニ當テヤ豫メ控訴裁判所ノ裁判官ヲ委員ニ命シ之ヲシテ下調ヲ爲サシムルヲ要ス而シテ若シ該委員ニ於テ退職ヲ可決セスンハ司法卿ト雖𪜈濫リニ後任ノ事ヲ發議スルヲ得ス

以上吾輩ハ憲法ノ原則ニ據リ裁判官ノ君主ニ撰任セラル

ヽヿ及ヒ其一度ヒ撰任セラルヽ時ハ復タ其職ヲ免ス可ラサル所以ヲ説述シタリ然レ𪜈又種々ノ變則アリ其第一ハ即チ治安裁判官ニ係ルモノナリ此裁判官ハ常ニ免職スルヲ得ヘキ者トス其然ル所以ノモノハ此裁判官ハ學識才能等他ノ裁判官ノ如ク大ナルヲ要セサルカ故ニ敢テ之ニ附與スルニ終身在職ノ特權ヲ以テスルノ必要アラサレハナリ

第二ハ即商業裁判官ニ係ルモノナリ此裁判官ニ至テハ王權ノ勢力ヲ及ホスヿ極メテ微ニシテ其裁判廳ハ司法卿之ヲ監督シ君主ハ唯其廳數及ヒ構成等ヲ定ム即チ府知事縣令等內務卿ノ許可ヲ得テ撰擧人タルヘキ豪商市紳ノ姓名

簿ヲ調製シ此姓名簿ノ調製セラルヽヤ其豪商市紳相集テ裁判官ヲ撰擧シ君主ハ唯其撰擧ヲ裁可シ當撰ノ裁判官ヲ布置スルニ止マリ君主ハ此撰擧ヲ拒否スルヲ得サルモノトス何トナレハ君主ヲシテ之ヲ拒否スルヲ得セシムルハ全ク撰擧ヲ無効ニ歸スルモノナレハナリ然レモ撰擧ニシテ若シ規則ニ符合セス當撰者法律上ニ定メタル年齢及才能ノ資格ヲ具ヘサルトキハ君主ハ其撰擧ヲ裁可スヘカラサルノミナラス之ヲ無効トナスヘキコ固ヨリ當然ナリトス唯其撰擧ノ有効ナルヘキヤ否ヤヲ決斷スルニ就テ法律上未タ其人ヲ示定セスト雖モ類例ヲ推テ論スルトキハ凡ソ事ノ撰擧法ニ關スルモノハ參事院之ヲ決シ又法官ノ適不適

ニ關スルモノハ控訴裁判所之ヲ決スヘキカ如シ裁判廳ノ商業裁判所ニ類スル者ハ即チ職工裁判所ナリ是レ製造人ト其使用スル所ノ職工トノ間若クハ製造所長ト其同輩或ハ其傭人トノ間ニ發スル所ノ紛紜ヲ裁判スル者ニシテ此裁判所ノ員ニ列スル者モ亦タ撰擧ニ出ツト雖モ其撰擧ノ方法ヲ定メ又緊要ト思量スヘキ都市ニ之ヲ設置スルハ專ラ君主ノ掌ル所トス

夫レ然リ職工及商業裁判所ノ法官ハ民撰ニ出ル者ナリト雖モ此等ノ裁判所ハ畢竟民事ノ裁判所ナルヲ以テ其管轄スル所ハ特殊ノ事項ニ止リ廣ク政治上ノ大問題ニ關係ヲ有セサルカ故ニ王權ハ勢力ヲ之ニ及ホスト及ホサヽルト

ハ敢テ著シキ痛痒ヲ感セサルナリ然レモ刑事ニ至テハ之ト異ナリ其裁判官タル者ハ最モ才能ニ富ミ且其事ヲ裁斷スルヤ極メテ公平無私ナラサル可ラス是故ニ之ニ關スル法律ハ最モ能ク整頓スルヲ要スト雖モ佛國ノ法律ハ此點ニ就テ未タ完全ナルヲ得ス海陸軍裁判官ノ如キハ其獨立ニ必要ナル終身在職ノ特權ヲ有セス然カモ其位地概ネ被告人ヨリ高等ニシテ陪審官ノ類ニハ非ラス佛國陸軍裁判所ハ大佐一名所長ノ職務ヲ行ナヒ少佐一名大尉二名内一人ハ檢事ノ職ヲ行ヒ他ノ一人ハ豫審判事ノ職ヲ行フ中尉一名少尉一名下士官一名都合七名ヲ以テ組織ス又將官ヲ裁判スルニ當テハ總督將官一名中將三名檢事一名豫審判事一名ヲ以テ組織ス且又此裁判官ハ平常其職ニ在ル者ノ如クナレモ其實決シテ然ラス特ニ高位ノ武官ヲ裁判スヘキ場合ニ際シ陸軍卿ノ命

ニ依テ特別ノ裁判所ヲ設ケ之ヲシテ裁判ヲ行ハシムルモノトス故ニ此特別裁判所ノ法官ハ即チ全ク一時ノ委員ニ過キサル者ナリ夫レ此ノ如キノ制ニシテ弊害ナカランヿヲ欲ス決シテ得ヘカラサルノ理ナリ然レモ實際ニ於テ未タ甚シキ弊アルヲ見サルハ全ク我國士官ノ貴重スヘキ性質アルニ由ルナリ

海。軍。裁。判。所。ニ至テハ其弊害陸軍ニ比シテ更ニ大ナリ是レ陸軍裁判官ハ尙ホ其任ヲ永續スルヿアレモ海軍ニ至テハ君主若クハ鎭守府長官若クハ船長其時ニ臨ンテ裁判官ヲ指定シ之ヲシテ犯罪者タル海軍士官若クハ水兵ヲ糺彈セシムルニ由ルナリ

我佛國ニ於テハ下等裁判所ノ判決ニシテ兩度トモ覆審院ノ破毀スル所ト爲リ雙方ノ說相合ハサルトキハ君主自ラ法律ヲ說明シ以テ之ヲ裁決スルノ例ナレトモ是レ王權ノ適用ヲ誤ルモノト謂フヘシ何トナレハ右ノ如キ場合ニ於テハ必ス立法府ニ上告シテ其裁決ヲ仰クヘキノ明文アレハナリ然ルニ此法文ハ國會ノ組織及ヒ議事法ニ適セストシテ勅令ヲ以テ法律ニ代用シ國會ニ在テモ一人ノ之ヲ議スルモノナキハ實ニ怪ムヘキノ至ナリ

凡ソ刑事ニ在テハ裁判廳ノ順序ヲ變スルコ極メテ罕ナリ苟モ人民ヲシテ當然ノ裁判ニ依ルヲ得サラシムル如キハ即チ憲法ノ禁スル所ナリ然レトモ犯罪ノ性質若シ國家ノ安

寧社會ノ秩序ヲ攪擾スルカ如キ重大ノ件ニ渉ルトキハ之ヲ例外トシテ其裁判ヲ重罪裁判所ニ任セス更ニ之ヲ元老院ニ命シ同院ヲシテ裁判廳ノ性質ヲ以テ其件ヲ審判セシムルコト君主ノ權内ニ在リ世上往々君主ノ此權ヲ排撃スル者ナキニ非スト雖ドモ吾輩ノ考フル所ニ依レハ是レ謬見ナリ今夫レ罪人カ刑罰ヲ免ルヽハ元老院ノ裁判ヲ受ルモノニ多カルヘキカ又ハ重罪裁判所ノ裁判ヲ受ル者ニ多カルヘキカト問ハヽ或ハ重罪裁判所ニ多カルヘシ然レドモ國ノ政典ハ素ヨリ正理公道ヲ保護センカ爲メニシテ敢テ罪スヘキ者ヲハ濫宥スルノ目的ニ非ス果シテ正理公道ヲ保護センカ爲ニスルモノナラハ元老院ハ天下智識ノ淵叢ナリ且

憲法ニ依テ得タル高等ノ位地ヲ占メ權威ニ恐レス虛名ヲ慕ハス泰然トシテ其獨立ヲ保ツ者ナリ此院ヲ措テ復タ誰ニカ此裁判ヲ委スヘケンヤ

又裁判ノ判決ヲシテ必行ノ効力ヲ生セシムル者ハ君主ナリ抑判決ト國法トノ異ナルハ唯廣狹ノ別アルノミ國法ハ一般ノ通則ヲ定メ判決ハ國法ノ意義ヲ明言シテ之ヲ特殊ノ場合ニ適用スルモノナリ然ルニ今國法ハ君主ノ頒布ニ依テ行ハルヘキ効力ヲ生スレハ則チ判決モ亦タ之ト同シク行ハルヘキノ効力ヲ生セサルヲ得ス是ヲ以テ判決ヲ執行スルコトハ猶ホ法律ヲ頒布スルカ如クシ均ク君主ノ名ヲ以テ之ヲ行フヘキモノトス故ニ法衙ノ判決ト雖モ君主ヨリ

定例ノ法式ニ循テ人民ノ之ニ從フヘキコ及公力者ノ其執行ヲ補助スヘキコヲ命セサルモノハ無効ナリトシ他人ヲシテ敢テ之ニ從ハシムルヲ得サルナリ定。例。ノ法。式。トハ裁判官ノ判決ヲ執行スヘキ旨ヲ君主ヨリ命令スル書式ナリ即チ「天佑ヲ保有シ國憲ニ依循シテ佛國ノ王タル（王ノ名）此書ヲ見ル有衆ニ宣示ス某院（又）某裁判所ハ左ノ裁判ヲ爲セリ（此處判決文ヲ寫ス）凡テノ使吏等ハ朕カ命令ヲ遵奉シテ此裁判ヲ執行スヘク大撿事及始審裁判所撿事等ハ其執行ヲ監督スヘク又警察官及軍官等ハ請求ニ應シテ補助ヲ與フヘキコヲ命ス」又公。力。者。トハ即巡査憲兵及兵卒等ヲ謂フナリ君主此書式ニ從テ裁判ノ執行ヲ命セサレハ法官ノ判決ハ無効ナリトノ意ナリ夫レ裁判官ノ獨立スヘキ所以ハ吾輩ノ屢々示セシ所ニシテ蓋シ今日輿論ノ歸スル所ナリ而シテ裁判官ハ獨立セサル可ラサル者ナリト雖モ又他ノ政權ニ屬スル官吏ト全ク相隔絶スヘキモノニ非ス場合ニ依テハ却テ互ニ連絡スルコヲ要スル

ナリ特ニ君主ハ一般ニ司法權ヲ監督スルハ最モ正理ヲ重スルノ道ニ適フモノトス夫レ君主ハ其權威ヲ以テ裁判官ノ判決ヲ是非ス可ラスト雖𪜈事ノ公安上ニ影響ヲ及ホスヘキモノハ其由ヲ裁判官ニ通知シ以テ其注意ヲ喚起スルハ蓋シ緊要ノ事ナリ抑裁判官ノ判決ニ依テハ其影響大ニ公安ニ關係スルヿアレ𪜈或ハ政府獨リ之ヲ知テ裁判官之ヲ知ラサルヿアリ然レハ則チ此點ヲ指示シテ裁判官ノ注意ヲ喚起スルハ君主ノ職ナリト謂ハサル可ラス然リ而シテ裁判官ハ其良心ト國家ノ法律トノ命令ヲ受クヘキモ其他ノ者ヨリ命令ヲ受ルヲ要セサル者ナレハ行政官ハ決シテ裁判官ニ命令ヲ下スヘキニアラス唯其訴訟ヲ裁斷スル

ニ當テ斟酌セサル可ラサルノ事由ヲ通知スルニ止ルノミ然レ圧行政官ヨリ直接ニ此類ノ通知ヲナスキハ或ハ命令ニ類シテ裁判官ノ獨立ヲ害スルノ嫌ナキ能ハス何トナレハ裁判官ニ於テ此命令ヲ聽カサラント欲スレハ行政官ノ意ニ戻ルヘク之ヲ聽カント欲スレハ已カ本分ニ背カサルヲ得サレハナリ之ニ反シ政府ヨリ直接ニ此通知ヲ爲サス一個人ノ意見トメ之ヲ述ヘシムル時ハ右ノ如キ憂アルヿナシ特ニ裁判廳ノ中ニ就テ一人ノ官吏ヲ撰拔シ之ヲシテ建議セシムルヲ宜シトス蓋シ此ノ如クスル時ハ裁判官ハ政府ノ意見ニ束縛セラレス泰然トメ自說ヲ固執スルヿヲ得ヘシ假令ヒ政府ノ意見ニ從ハサルモ敢テ其意ヲ傷ケス

又之ニ從フモ亦タ敗訴者ノ怨ヲ招クヿナシ此ノ如クニシテ君主ハ司法官ト有益ノ連絡ヲ通スルヲ得ヘク又裁判官ハ獨立ヲ害セスシテ能ク司法權ヲ監督スルヲ得ヘキナリ加之此法ニ因テ君主ハ法律ノ執行ヲ畫一ニシ其適用ヲ正當ナラシムルヿヲ得ヘシ何トナレハ下等裁判所ノ判決法律ニ背戾スルトキ若シ訴訟關係人ヨリ之ヲ大審院ノ大撿事ニ下シ該院ヲシテ審判セシムレハナリ又刑事ニ於テハ大撿事自ラ職權ヲ以テ判決ノ誤謬ヲ摘發スルヿアレハ訴訟人ノ判決ニ甘ンスル者ヲ強テ新ニ訴訟ヲ起サシムルハ事不正ノ業ニ該ルモノナレハ大撿事ノ職權ヲ以テ上告ヲ爲シ訴訟人之ニ關セサルトキハ其結果唯判決例ヲ畫一ニスル

ニ止マリ敢テ訴訟人ノ爲ニ從前ノ判決ヲ變更セサルモノトス

革命亂ヨリ以來司法ノ制度其面目ヲ一洗シ撿察官ノ制ノ如キハ今日充分ノ勢力ヲ得タルモノヽ如シ

撿。察。官。ノ。制。ニ關シテ注意ヲ要スル第一ノ件ハ各控訴裁判所ノ管轄内ニ於テ唯一人ノ官吏即大撿事ナル者撿察官ノ職務ヲ總括スルコト是ナリ然レ𪜈此官吏即大撿事ハ一身ヲ以テ百般ノ事務ニ當ル可ラサルヲ以テ大撿事補撿事撿事補等ノ名稱ヲ帶ヒタル僚屬ノ補助ヲ待テ職務ヲ執行ス但右諸屬官ハ大撿事ノ指揮ニ從ヒ其命ヲ受テ事ヲ行フモノトス

大撿事ハ撿察官ノ行爲及論議ヲシテ一般ナラシメンカ爲ニ凡刑事ノ起訴ニ關スル一切ノ事ニ就テ撿事等ニ命令スル權アリ民事モ亦タ重要ノ件ニ關スルモノハ其大審院ノ裁判ニ係ルト他廳ニ係ルトヲ問ハス先ツ屬官ノ意見ヲ聽キ之ニ就テ自ラ意見ヲ吐露スルコアルヘシ但裁判ニ關シテハ撿事ノ意見ハ素ヨリ獨立スヘキモノナルヲ以テ大撿事若シ撿事ノ意見ヲ非ナリトスルモ撿事尙ホ之ヲ聽カスレハ大撿事ト雖モ敢テ撿事ノ說ヲ變更スルヲ得ス唯他ノ撿事ヲシテ己レノ意見ヲ法廷ニ述ヘシムヘキノミ控訴裁判所ニ於テ一ノ事件ニ關シ撿察官ヨリ意見ヲ述フルニ方リ大撿事ト大撿事補トノ間ニ說ノ合ハサルコアル

キハ撿察官總會議ヲ開キ多數ニ依テ事ヲ決スヘシ若シ可否ノ數相半スレハ大撿事ノ説ニ從フヘシ但大撿事ノ説若シ多數ヲ得サルモ大撿事ハ自ラ其説ヲ法廷ニ述フルノ權アリトス

又大撿事ハ屬官ヨリ時々出ス所ノ報告ヲ受ケ一般ノ形況ヲ長官ニ上申シ又撿察官中其職ニ勉勵セサル者アレハ之ヲ矯戒スルノ任務アリ是故ニ大撿事ハ各控訴裁判所ノ管轄內ニ於テ撿察官ノ一切ノ動作ヲ指揮スル者ト謂フヘキナリ

然リ而ソ各控訴裁判所ノ大撿事各個ノ主權ヲ以テ事ヲ行フ如キハ元來該官ヲ設置シタル目的ヲ達スル所以ノ道ニ

非ス故ニ大撿事ハ皆ナ司法卿ノ指揮ヲ受ケ且ツ大審院撿察官ノ直轄ヲ受クヘキ者トス是レ立法者カ各大撿事ノ動作ヲシテ其方向目的ヲ一ニセシムル用心ノ存スル所ナリ此ノ制ニ依レハ大ニ撿察官ノ勢力ヲ擴張スルヿヲ得レ𪜈亦一方ニ於テハ撿察官其勢力ヲ濫用シ却テ國家ノ利益ヲ傷ルノ憂ナシトセス是ヲ以テ凡ソ撿察官ハ始審裁判所ニ屬スルト控訴裁判所ニ隷スルトニ論ナク皆君主ノ撰任ニ係ルヘキ者ト定メ以テ君主ヲシテ其羽翼トナルヘキ人物ヲ採用スルヲ得セシメタリ

然レ𪜈唯撿察官ヲ以テ君主ノ撰任ニノミ任スルハ未タ勢力濫用ノ弊ヲ豫防スルニ足ラス何トナレハ凡ソ官位ヲ希

望スルニ當テ唯々トシテ上命ヲ奉スル者ハ一旦其希望ヲ遂ケタル後ニ至テハ忽チ變シテ最モ不從順ノ者トナルヿ其例ナキニ非サルカ故ニ撿察官ト雖𪜈亦タ或ハ政府ニ於テ要求スル所ノ適當ノ處分判決ヲ肯ンセサルヿ無シトセス然レハ則チ撿察官ヲシテ其權ヲ濫用セシメサルノ策ヲ設クルヿ必要ナリ蓋シ人民ノ訴訟ヲ聽斷スヘキ裁判官ニ在テハ獨立剛毅ナルヿハ最モ貴重ノ美德ナレ𪜈君主ニ代テ意見ヲ陳述スヘキ官吏ニ至テハ之ヲシテ君主ノ意嚮ヲ敬重セシメサル可ラサルヿ蓋シ衆人ノ會得スル所ナルヘシ是ヲ以テ裁判官ハ之ヲ卑屈ニ陷ラサラシメンカ爲ニ其官ヲ終身ニ定メタレ𪜈撿察官ニ至テハ此特權ヲ許サスシ

テ其存廢ヲ政府ノ意ニ任セタルヿ是レ誠ニ至當ノ制ト謂ハサル可ラス苟モ此ノ如クセスシテ君主ノ意見ヲ傳フヘキ官吏ノ任ニ在リナカラ恣マヽニ之ヲ輕蔑シ之ニ從フヲ拒ムヲ得ハ撿察官タル所以ノ者將タ何ニ存セン然レ圧撿察官ハ君主ノ命令ニシテ法律ニ背キタルモノアルモ唯々トシテ之ヲ奉セサルヘカラスト謂フニ非ス此ノ如キノ權力ハ君主ト雖圧素ヨリ掌握スル所ニ非ラスト雖圧其權ヲ濫用シ恣マヽニ君主ノ命ニ抗拒シテ顧ミサルモ君主尙ホ之ヲ默セサルヲ得ストセハ豈又奇怪ノ事ト謂ハサルヘケンヤ殊ニ撿察官ハ冠ヲ掛テ勇退スルノ權利アリ若シ君命ヲ以テ不法若クハ危險ノ處置ナリトセハ其職ヲ辭シテ可

ナリ何ソ必シモ君ノ惡ヲ贊ケサルヲ得サルヿアランヤ然レモ苟モ其職ニ居テ其職ノ事ヲ行ハサルハ決シテ許スヘキ所ニ非サルナリ

是故ニ裁判官ハ其職ノ終身ナルト法衙ノ永存トニ因テ全ク獨立ノ位地ヲ占メ以テ王權ノ干渉ヲ容レスト雖モ君主ニハ尚ホ撿察官ノ羽翼爪牙アリ以テ能ク其權利ヲ伸暢スルヲ得ヘシ此撿察官ノ職務ハ獨リ法律ヲ維持シ判決ヲ畫一ニシ行政規則ヲ執行シ以テ王家ノ利益ニ注意スルノミナラス又政府ニ司法權ト連絡相通スルノ便ヲ與フル者ナリ是ヲ以テ政府ハ撿察官ニ依テ司法事務ノ形況ヲ知リ諸裁判所ノ動作ヲ察シ法律及行政規則ヲ諸裁判所ニ傳ヘテ之

ヲ謄記公告セシメ其他公益ニ關スル事由ヲ裁判官ニ通シテ其裁判ヲ下スノ參考ニ供シ私益ニ係リテハ特赦ノ諸狀ヲ裁判官ニ致シテ其裁可ヲ求ムル等皆撿察官ニ於テ行フ所ナリ而シテ撿察官ノ本職トスル所ハ秩序及規律ヲ維持スルヿ裁判所ヲシテ法律ト行政規則トニ背カサラシムルヿ社會ノ利益ヲ害スヘキ罪犯ニ對シ告訴人ナシト雖モ職權ヲ以テ訴ヲ起スヿ罪犯ノ爲ニ損害ヲ受ケタル者ヨリ訴ヲ起ストキ之ヲ助ケテ刑ノ適用ヲ請求スルヿ判決ノ執行ヲ監督シ王家ノ有ニ歸スヘキ物件ヲ領收スルヿ訴訟ニ勝チタル者判決ノ執行ヲ確乎タラシメント欲スルトキ之ニ輔助ヲ與ヘルヿ社會ノ公益ニ關係ヲ有スヘキ一切ノ民事及社

會ヨリ特別ノ保護ヲ與フヘキ人物ニ關スル私ノ紛紜ニ干渉スルヿ等トス

撿察官カ職務ノ最モ重要ニシテ且高尚ナルハ右刑事ノ起訴及彈劾ノ權ニ若クモノアラスト雖モ其外ニ於テ又全ク無用ノ者ト爲ス可ラサルヿアリ故ニ訴訟人ノ中其性質微力年齡幼少等ノ事故ニ由リ自ラ己レノ利益ヲ注意スルニ堪ヘサル者ノ如キハ撿察官之ヲ保護ス即チ公ケノ建造物ニ關スルヿハ勿論幼者不在者及治產ヲ禁セラレタル者又其夫タル者ト共ニ出廷スルヲ得サルノ婦人等ニ關シテハ撿察官ハ君主ニ代テ辨論シ其意見ヲ述ヘテ法官ノ參考ニ供スル者トス之ヲ要スルニ撿察官ノ功用ハ到ル所ニ普及

シ其司法權ニ於ケルハ殆ント神經ノ人身ニ於ケルカ如ク一ノ運轉一ノ感覺ト雖モ之ニ原始セサルハナキナリ

是故ニ撿察官ハ啻ニ王權ニ對スル一切ノ罪犯及其名譽ヲ害スヘキ凡テノ僭越ノ事ヲ制スルノミニ非ス又常ニ法衙ニ於テ君主ノ權威ト其利益トヲ伸暢スルヿヲ務ル者ナリ

是レ今日撿察官カ王權ノ最大藩屏タル所以ナリ

明治十五年十一月廿一日出版版權居
全部二十册ノ內第四册迄發兌
以下每月二册宛出版

每册定價金拾七錢五厘

御用印行所
東京京橋區八官町十九番地
忠愛社
同芝區三島町
山中市兵衛

賣
同京橋區南傳馬町二丁目
穴山篤太郎
同日本橋區通三丁目
丸屋善七

弘
同日本橋區本町三丁目
原亮三郎

書肆

同神田區雉子町　巖々堂
同神田區小川町六十二番地　西村兒一
西京寺町　福井孝太郎
大坂南區二ッ井戸町　藤原熊太郎
屋張名古屋　永樂屋東四郎
箱舘地藏町　修文堂
新潟竹川町　京文社

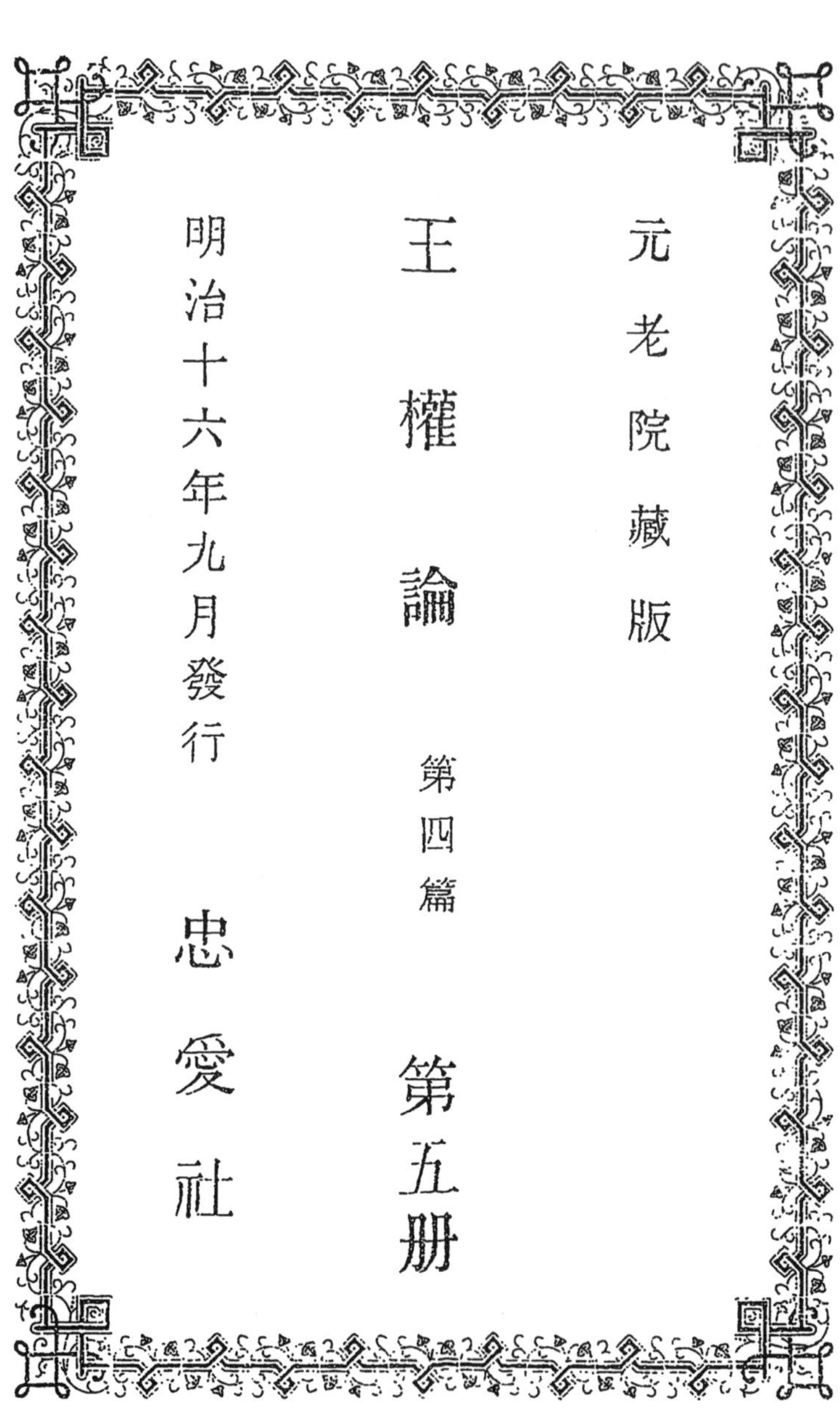

元老院藏版

王權論

第四篇

第五册

明治十六年九月發行

忠愛社

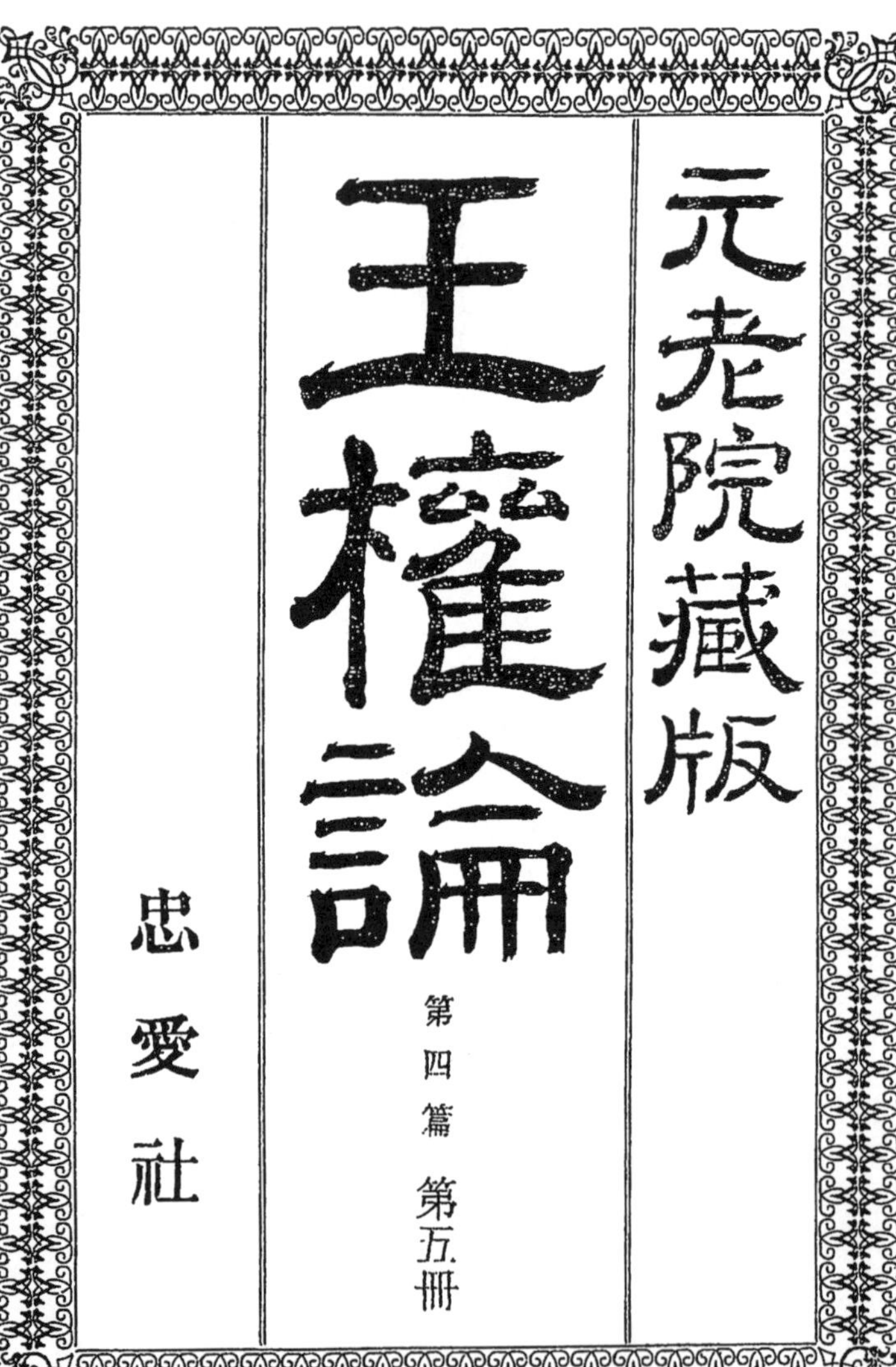

元老院藏版

王權論

第四篇　第五冊

忠愛社

王權論卷五

目次

第四編

王權論卷五

佛國　ロリユー　著
日本　丸毛直利　譯

第四編

第一章　起訴ノ權ヲ論ス

人民ノ最モ要スル所ノ者ハ正理公道ノ天下ニ行ハルヽ事ヨリ先キナルハナシ人々各自ニ其天賦自由ノ一部ヲ抛棄シテ社會ヲ組織シ政府ヲ建設シタルモノハ畢竟正理公道ヲナシテ社會ヲ支配セシメンカ爲メナリ若シ世ニ正理公道微リセハ吾人ノ自由何ニ依テカ全キヿヲ得ンヤ吾人ノ財

產何ニ依テカ安キヿヲ得ンヤ吾人ノ法律ニ服從シ諸般ノ義務ヲ負擔スルモノハ政府ノ正理公道ヲ保護シ秩序安寧ヲ維持スルヲ以テ苦樂相償フヿヲ得ルニ因ルナリ然レハ則チ國家ニ制度ヲ設ルノ目的ハ正理公道ヲ保護シ人民ヲシテ法律ニ對シ全ク同一樣ノ權理ヲ得セシムルニ在リト謂フヘシ夫ノ自由ノ如キモ此正理公道ニ外ナラサル者ナリ何トナレハ政府能ク正理公道ヲ保護シテ人民ノ自由ヲ得サル者ハ未タ之レアラサレハナリ

抑モ一國ノ秩序安寧ヲ維持セント欲スル者ハ必ス種々ノ法律ヲ設ケサル可ラス然レ𪜈若シ法律制度ニシテ不良ノ徒ヲ抑束スル所ナクンハ法律アリト雖𪜈安ンソ能ク國家

ヲ保全スルヿヲ得ンヤ然レハ則チ公安ヲ害スヘキ罪ヲ未發ニ防キ又之ヲ既發ニ制スルハ行政權最要ノ職分ト謂ハサル可ラス然レ𪜈人ノ權利ヲ損傷スルノ罪ハ其類多ク其結果モ亦タ各異ナリ其第一種ハ即チ損害スル所僅ニ二三ノ人ニ係リ敢テ社會ノ秩序ヲ紊亂スルニ及ハサルノ罪トス此種ノ罪ハ純然タル私訴ヲ生スルニ止ルト雖𪜈各人ノ權利ヲ保護スルハ即チ一般ノ安寧ニ關スルヿナレハ爰ニ民事裁判所ナル者アリテ此私訴ノ裁判ヲ掌レリ而シテ私訴ニ在テハ唯訴訟ニ關係スル者ノミ法廷ニ出席シ原告ヨリ訴狀ヲ提出スレハ被告ニ於テ之ニ答辯シ兩造共ニ證左ヲ出タシテ裁判官之ニ判決ヲ下ス者ナレハ其訴訟ハ僅ニ原

被兩造ノ間ニ於テ相爭フニ過キスシテ行政官ノ代理人ノ如キハ一モ其間ニ關渉スル所ナシ若シ之ニ干渉スルヿアラハ是レ老幼若クハ無能力者若クハ不在等ノ事由ニ因リ自ラ事ニ當ル可ラサル者或ハ一ノ行政廳ノ爲ニ肝要ナル法式ヲ履行センカ爲ニスルノミ且ツ此等ノ場合ト雖モ尚ホ僅ニ附帶者ノ資格ヲ以テスル者ニシテ敢テ自ラ起訴スルニ非ス蓋シ行政官ニ於テ實ニ民事ノ訴訟ヲ起スハ政府ノ關係ヲ有スル事件ニ止マリ其場合ハ極メテ罕ナリ其他ハ無能力者若クハ老幼又ハ位地貴人等ヲ云フ等ニ因リ自ラ己レノ利益ヲ保護スルヿ能ハサル事由アル者ノ爲ニ其權利ヲ保護スルニ過キス

然リト雖𪜈犯罪ノ種類ハ單ニ民事ニ止マル者ニ非ス其第二種ハ即直ニ社會ノ秩序ヲ破壞スヘキモノニシテ行政官ノ特ニ注意シテ之ヲ未發ニ防キ若クハ之ヲ既發ニ制スヘキ者ナリ夫レ人ノ事ヲ爲サント企ツルヤ其念尚ホ胸間ニ存スルニ止マリテ未タ行爲筆記若クハ言語等ノ上ニ顯ハレサル者ハ唯是レ一ノ思想ノミ未タ以テ罪ヲ得ルニ至ラサル可シ然レ𪜈常ニ兇漢不良ノ徒ヲ監査シ其最微ノ心情ヲ透察スルニ老練ナルノ人ハ不良ノ企未タ事ニ發セサルニ先チテ早ク之ヲ抑ヘ以テ未發ニ之ヲ防過スルノ功ヲ奏セシ例亦尠ナカラス是レ行政警察ノ職分トスル所ナリ此警察ノ效用ハ眼前殆ント見ル能ハス暗ニ冥々ノ中ニ在テ

吾人ヲ保護シ吾人ノ幸福ヲ全フシ吾人ヲシテ其幾許ノ幸苦ニ價スルヤヲ知ラシメスシテ之カ利益ヲ享受セシムルヿ頗ル大ナリ而シテ其世人ノ知ル所ト爲ルヿ愈少ナレハ其效ヲ奏スルヿ愈大ナリトス

行政警察ノ嚴重ナルトキハ不良ノ徒ハ目ニ警察ノ在ル所ヲ見サルモ自ラ百般ノ障碍ニ遭遇シテ惡事ノ遂ケ難キヲ知ルカ又ハ其手ヲ下スノ隙ナキヲ覺リ遂ニ其惡念ヲ止ムルニ至ルヘシ此ノ如ク警察ノ偶然惡事ヲ障碍トナル者ハ其實、周到緻密ナル法制ノ然ラシムル所ナリ

又行政警察ノ能ク整頓スルトキハ獨リ不良ノ企ヲ未發ニ制スルノミナラス其已ニ外形ニ顯ハレタル者ト雖モ其未タ

害毒ヲ遏フセサルニ先テ之ヲ抑遏スルヿヲ得ベシ是ニ於テ乎行政權第二ノ本分即チ罪惡ヲ既發ニ制シ以テ之レヲ將來ニ戒ムルノ務ヲ生スルナリ

凡ソ他人ノ犯シタル罪ノ爲ニ損害ヲ被リシ者ハ何人ト雖モ民事若クハ刑事裁判所ニ訴ヘテ其賠償ヲ要求スルノ權アリト雖モ若シ罪惡ヲ將來ニ戒メント欲セハ賠償要求ノ權ヲ以テ獨リ被害者ニ許スノミニテハ仍ホ足ラサル所アリ此ノ如キハ實ニ法制ノ不充分ナル者ト謂ハサルヲ得ス況ヤ犯罪ハ一個人ノ權利ヲ傷害セスシテ公益ヲ傷害シ國安ヲ妨障シ秩序ヲ攪亂シ民庶ヲ恐怖セシムルモノアルニ於テオヤ例ヘハ外患ニ關シテハ外國ニ與シテ本國ニ抗敵

シ或ハ謀ヲ敵國ニ通シテ本國ノ機密ヲ漏泄スルカ如キ又國家ヲ顚覆スルノ罪ニ關シテハ内亂ヲ企テ或ハ兇徒ヲ嘯衆スルノ罪ノ如キ即チ是レナリ且ツ夫レ重罪ハ率ネ公私兩樣ノ性質ヲ帶フル者ニシテ其一個人ヲ傷害スルト同時ニ必ス國家ノ法律ヲ破リ社會ノ秩序ヲ紊ルカ故ニ凡ソ公安ヲ害スル者ハ一方ニ於テ被害者ノ損害ヲ賠償シ一方ニ於テハ社會ニ對シ其罪惡ヲ消滅セシメサル可カラス是レ刑罰ノ因テ起ル所ナリ

社會未タ草昧ノ域ヲ脱セス國家ノ組織未タ能ク整頓セス所謂天造ノ世代ト相距ル遠カラスシテ人々皆自己ノ爲メニノミ生活スルカ如キノ時世ニ在テハ犯罪者アリト雖モ

唯其近接ノ結果ヲ慮ハカルニ止リテ其遠キモノニ思及セス故ニ所謂刑罰ハ唯人ニ被ラシメタル損害ヲ償フノミニ止マリ是ヲ以テ羅馬律ノ盜罪ヲ罰スルヲ見ルニ其盜品ニ三倍若クハ五倍スル代價ヲ返還セシムルニ止マレリ又日耳曼「フランク」「サクソン」等ノ諸人種モ古昔ニ在テハ凡ヘテ皆金錢ヲ以テ犯罪ヲ贖ハシムルノ例トナセリ但シ當時贖罪金ノ額ハ豫メ法律ヲ以テ之ヲ定メ特ニ人ヲ殺スノ罪ノ如キ其人ノ生命ハ果シテ金錢幾許ニ價ヒスルヤヲ知ル可ラサルヲ以テ其贖罪ノ金額ハ必ス法律上定ムル所ニ依ル者トセリ

此時ニ當テ人々皆社會ノ干渉ナカル可ラサル所以ヲ覺レ

リ何トナレハ若シ社會ノ輔助ニ依ラサルトキハ被害者ニ於テ如何ニ犯罪人ヲ追究スルモ決シテ其効ナケレハナリ但政府ニシテ被害者ヲ保護スレハ則チ贖罪金ノ一部ヲ徵收スルハ當然ノ事ナルヲ以テ乃チ贖罪金ノ一部ハ之ヲ君主若クハ國庫ニ收ムヘキヿヲ法律ニ定メタリ加之被害者ニシテ往々法律上ノ賠償ヲ受ケンヨリハ寧ロ一身上ノ復讐ヲ爲サント欲スル者ナキニ非ス若シ之ヲ禁セスンハ國家有用ノ人物ヲシテ終ニ非命ニ死セシムルニ至ルヲ以テ豫メ此等ノ私鬪ヲ防キ被害者ヲシテ法律上ノ贖罪ニ甘ンセシムルト同時ニ既ニ刑罰ヲ受ケタル犯罪人ヲ保護シテ復讐ノ犧牲トナラシメサルハ蓋シ社會本分ノ務ナリ此ノ如

クニシテ雙方相和シ以テ公安ヲ維持スヘキナリ
然レトモ此目的ヲ達セント欲スレハ則チ官吏ヲ置キ必要ナル制度ヲ設ケサル可ラサルカ故ニ其費用ノ支辨トシテ若干ノ金額ヲ徴収スルハ蓋シ亦止ムヲ得サル所ナリ又犯罪中ニハ其性質全國ヲ害スルモ一人一己ハ直接ニ害ヲ被ラサルモノアリ此等ノ罪ハ各人之ヲ告發スルノ權ナキニ非スト雖モ直接ニ求刑スルヿヲ得ル者ハ蓋シ擧國ノ人ナラサル可ラサルカ如シ日耳曼ヨリ出テタル人種カ昔時國民ノ總會議ヲ開キタル時代ニ在テハ國家ヲ危フシ若クハ國民ノ最モ貴重スヘキ利益ヲ傷害シタル者ハ擧國相共ニ之ヲ起訴シタリト雖モ總會議ヲ開クノ例止ミ世上封建ノ制

ト爲リ國家四分五裂スルニ及ンテハ人各國家ト同體ナルノ思想漸ク衰ヘ一人ノ帝王又ハ侯伯ト稱スル者全國ノ民ニ代テ國家ヲ支配スルヿトナリタレハ是ニ至テ公安ヲ害シ若クハ外患ニ關スルノ罪ノ如キハ全國人民ヨリ之ヲ起訴スルヿヲ廢シ其權帝王若クハ侯伯ニ歸スルニ至レリ是レ臣民タル者ノ社會公益ニ痛痒ヲ感スルヿ極メテ薄クナリシニ由レリ是ヨリ幾モナク終ニ國家ノ利益ト君主ノ利益トヲ混同シ賣國若クハ謀叛ノ罪ト君主ノ一身ニ對スルノ罪トヲ併セテ之ヲ不軌ノ罪ト總稱スルニ及ヒシナリ此一事以テ時運ノ變遷ヲ見ルニ足ルヘシ

抑モ公訴權ノ君主ニ歸シタルハ種々ノ原因アリ(第一)各人

皆自ラ社會ノ利益ヲ傷害シタル犯罪ニ對シ賠償ヲ要求スルヿハ各人其裁判ニ直接ノ痛痒ヲ感スルト云ハンヨリハ寧ロ人々各個ノ利益ト公益トヲ同一視スルモノナレハ共和政治若クハ立憲君政ノ精神ニハ適スヘキモ專制君治ニ傾クノ時ニ在テハ行レ難キ者ナリ(第二)且ツ當時法廷ニ訴訟ヲ起ス者ハ所謂法術ノ戰法術ノ戰トハ一ニ之ヲ天帝ノ裁判ト名ケ其法、訴訟人ヲシテ鐵火ヲ握リ若クハ熱湯ニ浴セシメ永ク之ニ耐フル者ヲシテ理アリト定ムルニ在リニ依テ是非曲直ヲ決スルヿナルカ故ニ敢テ此危險ヲ犯シテ人ヲ告訴スル者ハアラサリシ(第三)當時ノ政典ニ據レハ凡ソ刑罰ハ率子贖罪金ニ止マリ此贖罪金ハ政府歳入ノ一大部分ヲ占ムルニ至リタルカ故ニ政府ハ公罪ト利害相關スルヿト為リ之ヲ起

訴スベキ者ハ獨リ帝王ト侯伯トニ止ルコトナレリ故ニ此時世ニ在テ起訴ノ權ヲ庶人ニ放任スルハ是レ即チ犯罪ヲ罰セサルト何ソ異ナランヤ

然リ而シテ此起訴ノ權タル帝王及侯伯皆ナ自ラ之ヲ行フコト久シカラスシテ起訴官ヲ置ニ至レリ是レ其君主タル者毎ニ法廷ニ出席スルコト能ハサルト自ラ臣下ト法廷ニ相爭フトキハ其威嚴ヲ傷クルニ由テ然ルナリ加之腕力ノ強弱ニ因テ罪ノ有無ヲ決スルカ如キ當時ノ有樣ニ於テハ君主タル者何ソ自ラ危險ヲ冒シテ起訴ヲ行フ可ケンヤ是ニ於テ君主ハ公訴ヲ起スノ職ヲ以テ官吏ニ委シ侯伯モ亦各其領地內ニ於テ起訴官ヲ置クニ至レリ

古昔ノ裁判所長ハ訴件ノ事實ヲ裁判官ニ說明シ證據類ノ効力ヲ示シ又法律ノ明文ヲ擧テ其意ヲ敷說シ以テ裁判官ノ當ニ決スヘキ問題ヲ確定シ而ル後ニ其投票ヲ蒐集シテ裁判ヲ宣告セリ此等ノ點ヨリ觀察ヲ下ストキハ古昔ノ裁判所長ハ頗ル今日ノ重罪裁判所長ト相類スル所アルカ如シ加之該所長ハ裁判官ノ議決ニ從テ判決ヲ宣告シ且其執行ヲ助ケサル可ラサルノ義務ヲ有セリ其後君主侯伯等其臣僚ヲ率テ裁判ヲ行フニ至テハ頗ル古昔ノ裁判所長ノ職務ヲ承襲シタルモノヽ如シト雖モ其才識ノ點ニ就テハ之ニ劣ル所アルカ爲ニ專ラ法律ノ研究ニ從事スル者ヲ擇テ其輔翼トナシ之ヲ名テ撿事ト云ヘリ

其後裁判所ノ常時存在スルニ及ンテハ君主侯伯皆ナ特撰ノ法官ニ命シ其躬闕席シ若クハ不在ナル時ニ當リ代テ所長ノ職ヲ行ナハシメタルモ此時ニ至テハ撿事ノ職、既ニ頗ル重要トナリ且裁判所長ト撿事トノ職務ヲ分離スルコ一般ノ慣習トナリナリシカ故ニ大法院ニハ裁判長ト撿事トノ兩名ヲ置キ裁判長ノ負擔スヘキ職務モ率子皆ナ撿事ニ於テ之ヲ執行セリ夫レ君主ヨリ兩名ノ官吏ヲシテ其躬ヲ代理セシムルハ或ハ無要ノ看ナキニ非サルモ其實決シテ然ラス特ニ君主自ラ裁判長ノ職務ヲ行フノ時ニ際シテハ必ス此ノ如クナラサル可ラス又君主ノ代理人ニ於テ裁判長ノ職ヲ行フ時ト雖モ兩名ノ官吏ヲ置クハ敢テ無要ナラサリ

シ何トナレハ裁判長ノ任タル其初之ヲ貴族ニ委任シタルヲ以テ其任ニ在ルモノ必スシモ充分ノ智識ヲ具ヘサレハ別ニ專ラ法律ニ從事スル者ヲ撰ンテ之ヲ撿事ニ任シ以テ所長ノ輔助トナスハ止ムヲ得サルニ出ル者ナリ
是ニ於テ古昔裁判所長ノ職務ハ二分シテ裁判所長ト撿事トノ職務トナレリ裁判所長ハ君主ノ古來所有セル職權ノ名譽ヲ承ケ撿事ハ其實務ヲ襲クモノナリ
後世法律ニ通曉シタル者自ラ裁判ヲ行フノ時ニ至テハ撿事ノ職ハ敢テ必要ナラサルカ如クナリシト雖モ從來ノ經驗ニ因テ人其利益アルヿヲ知リ敢テ之ヲ廢スルヿヲ爲サス是ヲ以テ撿事即チ撿察官ハ從前ノ如ク實際法律上ノ問

題ニ關シ或ハ公安上必要ナル處分ヲ行フヿニ就キ該案件ノ未タ判決セラレサルニ先ツテ其意見ヲ陳述セリ

然リト雖モ撿察官ノ廢セラレサリシハ蓋シ此理由ノミニ依ルニ非ス夫レ君主及侯伯ハ撿察官ニ依テ其勢力ヲ擴張シ又其權利利益ノ公私ニ拘ハラス一ニ皆ナ該官ニ依テ之ヲ保護スルヿヲ得タルニ由リ君主ハ大法院ニ大撿事ヲ置キ下等裁判所ニ撿事ヲ置キ侯伯モ亦各其管轄內ニ同樣ノ官吏ヲ置キ以テ各自ノ權理ヲ保護スルヿヲ務メシメタリ司法ノ制ニ一大變革ヲ來タスノ原因ハ蓋シ此ニ胚胎セリ

夫レ古代ノ刑罰ハ率ネ金錢ヲ以テ其罪ヲ贖ハシムルニ在リテ君主及ヒ侯伯等カ歲入ノ最大部分ハ此贖罪金額ノ占

ル所ト爲リタルヲ以テ徴收ヲ司トル所ノ撿事等ハ此歳入ヲ致サンカ爲ニ犯罪ヲ起訴スルノ權ヲ有スルカ如キノ形狀ヲ爲シ自然ノ勢、遂ニ撿察官ハ犯罪ヲ搜索シ刑事ヲ起訴シ刑法ヲ維持シテ以テ社會ノ秩序、公衆ノ安寧ヲ保全スルヿヲ務トナスニ至レリ

犯罪ヲ搜索スルノ任ハ特ニ之カ爲ニ設ケタル官吏之ヲ掌ルヘキノ主義一タヒ定マリシヨリ遂ニ一個人ニ對スルノ罪ト雖モ被害者ヨリ告訴セサルトキハ該官吏之ヲ起訴スルヲ得ルヿトナレリ是レ蓋シ犯罪ハ假令一身上ニ對スル者ト雖モ必ス社會ノ秩序ヲ障害シ間接ニ其利益ヲ害スルニ由レハナリ撿察官ニ依リ罰金ヲ徴收シ勢力ヲ擴張シ罪惡

ヲ懲戒スル等ノ好結果アルヨリシテ該官ノ役ハ國家ニ必要ノ制度ナリト認メラレ從來該官ハ告訴人アラサル時ニ際シテ犯罪ヲ起訴スルノ例ナリト雖モ其後暫クシテ被害者ノ告訴ヲ待タス又ハ之ト共ニ告發ヲ行フヿヲ得ル事トナリ終ニ又犯罪中被害者ニ係ルモノト國家ニ係ルモノトヲ區別シ被害者ハ損害賠償ヲ要求スルニ止リ檢事ハ刑ノ適用ヲ求ムルニ止ルヿト爲ルニ至レリ

是レ今日檢察官ノ現狀ニシテ其制ノ美ナル他ニ其比ヲ見サル所ナリ實ニ此官ノ設アル時ハ君主ノ職務中最モ緊要ナル夫ノ惡ヲ懲ラシ公安ヲ維持スルノ任ノ如キモ亦タ簡便ノ手段ヲ以テ能ク之ヲ行フヿヲ得ルナリ夫レ天下到ル

所トシテ君主ノ代理人アラサルハナシ凡ソ犯罪トアレハ其輕重ニ論ナク上、國家ノ安寧ヲ害スルノ大罪ヨリ下、瑣々タル違警罪ニ至ル迄一々之ヲ起訴シ以テ社會ノ大利益ニ注意スルニ因リ從前起訴者カ犯罪人ノ勢威兇猛ヲ恐レ若クハ訴訟ノ延滯ヨリ巨大ノ失費及困難ヲ惹起スヿヲ憂慮シ往々不良ノ徒ヲシテ法網ニ洩レシムルカ如キノ弊ハ跡ヲ社會ニ絶ツニ至レリ而シテ此代理人タル者ハ一庶人ノ姦惡若クハ恐怖等ノ念ニ蔽ハレ或ハ濫ニ訴ヲ起シ或ハ正當ノ訴訟ヲ為スモ中途ニシテ其効ヲ没滅セラルヽカ如キモノヽ比ニ非ス且ツ尋常人民ニシテ人ノ罪ヲ摘發告訴スル𪜈ハ世人ノ指彈スル所トナルヲ免レサルモ撿察官ニ至

テハ唯此不快ヲ蒙ラサルノミナラス却テ一國ノ官吏タリ君主ノ代理人タルノ榮譽ヲ受ク是レ他ナシ檢事ハ私益ノ爲ニ奔走スルニ非スシテ國安公益ノ保護者トナリテ力ヲ盡ス者ナレハナリ

檢察官ノ制タル此ノ如ク其レ美ナリト雖𪜈若シ之ヲ箝束シテ其職ヲ至當ノ範圍内ニ止メサルトキハ其弊ヤ必ス專横ニ失スルノ恐アリ抑犯罪就中社會ノ大利益ヲ傷害スルノ犯罪ヲ懲罰シ以テ國安ヲ保持スルハ一國ノ安寧ニ關シ最モ必要ノ者ナルヲ以テ之カ爲ニ官吏ヲ置キ被害者ノ告訴アラサル塲合ト雖𪜈敢テ犯罪ヲ忽諸ニ附スルヿナク其捜査ヲ掌ラシムルハ社會ノ最大急務ナリ然レ𪜈起訴ノ權及

ヒ刑法執行ノ任ヲ以テ全ク之ヲ撿察官ニ放任スルトキハ縱ヒ之ニ因テ安寧ヲ買フヿアルモ亦不廉ノ價ナリト謂ハサルヲ得サルヿアルベシ夫レ撿察官ハ濫ニ被告人ヲ刑ニ處セシムルノ權ヲ有セサルヽハ無論ナリト雖モ之ニ起訴ノ全權ヲ放任スルキハ或ハ有罪ヲモ起訴セサルヿナキヲ保ス可ラス即撿察官カ平生親愛スル所ノ者ノ如キハ其私情ニ牽制セラレテ之カ罪狀ヲ隱蔽シ刑法ヲシテ無効ナラシムルヿナシトセス故ニ犯罪ヲ起訴スルノ權ハ獨リ之ヲ撿察官ニ放任セス凡ソ犯罪ノ爲ニ損害ヲ被ムリシ者ハ何人タリモ法官ノ保護ヲ仰キ犯罪懲罰ノ處分ヲ請求スルヿヲ得セシメサル可ラス苟モ國家ノ制度ニシテ能ク整頓シ行

政其宜キヲ得ルトキハ各人同一ニ法律ノ保護ヲ受ケサル可ラス各人同一ニ裁判官ノ救助ヲ仰クコトヲ得セシメサル可ラス各人ヲシテ同一ニ法律ノ許ス所ヲ請求スルコトヲ得セシメサル可ラス理論ニ據テ之ヲ論スレハ民法ト刑法トハ此點ニ關シテ毫モ異同アル可ラサルナリ苟モ人民ニシテ自己ニ對シ契約ヲ履行セサル者ヲ法廷ニ訴ヘ自己ノ權理ヲ伸暢スルコトヲ得ハ何ソ又自己ノ財産名譽生命若クハ自由ヲ傷害スル者ヲ訴ヘ得サルノ理アルヘケンヤ故ニ佛國ノ法律ハ未タ曾テ被害者カ自ラ其被害ヲ告訴シテ法衙ノ判決ヲ仰クコトヲ禁セサルナリ是ヲ以テ撿察官ニシテ道路ノ風評若クハ他人ノ告發ニ從テ起訴スルノ權利アレハ各人モ亦

自ラ直接ノ訴ヲナシ犯罪ノ懲罰ヲ請求スルノ權アルハ言ヲ待サル所ナリ是レ各人私訴ノ自由ハ公訴ヲ以テ任トスル撿察官設置ノ爲ニ毫モ其性質ヲ變セサルニ因ルナリ又爰ニ撿察官ノ權限外ナル事アリ即チ被害者ノ然諾スルト默過スルトニ因テ犯罪トナラサル法律違背ノ件又ハ之ヲ捜査起訴スルカ爲ニ却テ被害者ヲ害シ若クハ世上ノ安寧風俗等ヲ傷クル等ノ件是ナリ此類ノ件ハ其犯罪ヲ公ニセンヨリハ寧ロ措テ問ハサルヲ可トス是故ニ此種ノ犯罪ニ關シテハ佛國法律ハ撿察官ニ命シ各人ノ權利ト利益トヲ重ンジ敢テ犯罪ヲ問ハシメス但シ被害者ヨリ告訴スル時ハ此限ニ非ラス夫レ撿察官ハ犯罪ヲ起訴スルノ權アル

モノナリ而モ風俗ハ極メテ貞正ナランヿヲ要スルモノナリ夫婦ノ交リハ神聖ナラサル可カラス若シ之ヲ破ルカ如キハ民俗宗教ノ兩世界ニ大害ヲ被ラシムル者ナリ然レ𪜈有夫姦ハ撿事ノ職權ヲ以テ起訴スルヿヲ許サス必ス被害者タル本夫ノ告訴ヲ待テ處分ス是レ前述ノ理由ニ因ルナリ又一個人ニ對スル罵詈讒毀ノ罪ニ至テモ被害者ノ告訴アルニ非サレハ撿事之ヲ起訴スルヿヲ得サルモノトス是レ他ナシ罵詈讒毀等ニ關スル罪犯ヲ起訴スルハ被害者ノ名譽ヲ回復スルヨリモ寧ロ其秘事ヲ暴白シ惡事ヲ鳴ラスノ事實アリテ却テ其害ヲ增セハナリ

又或ル塲合ニ於テハ君主ノ利益ト社會ノ利益ト相反スル

ヿアルヘシ且犯罪ノ種類ニ因リテハ社會一般ニ對シテ害ヲ及ホスヘキモ一個人ハ更ニ害ヲ被ラサルノ場合アリ此時ニ當テ若シ撿察官ヲ監督スル者ナキトキハ或ハ政府ノ怠慢ニ因リ或ハ政府ト罪犯者トノ共謀ニ因リ或ハ政府ニ於テ罪犯人ヲ庇蔭スル等ノ事由ノ爲ニ大逆人ヲシテ法網ニ洩レシムルヿナキヲ保セス是ヲ以テ我佛國ニ在テハ右ノ如キ場合ニ於テ公平無私ナル控訴裁判所ノ判事ヲシテ撿察官ニ命令シ以テ罪犯ヲ起訴セシメタリ

撿察官ノ專權ヲ防制スルノ用意此ノ如シト雖𪜈是レ唯人民ノ利益ヲ圖テ計畫シタル二三ノ變則ノミ概スルニ君主ニ代テ國家ノ安寧ニ注意スル者ハ撿察官ナリ大小ノ罪犯

即チ上ハ大逆無道ノ重罪ヨリ下ハ微少ノ違警罪ニ至ルマテ總テ之ヲ懲罰スルノ訴ヲ起ス者ハ檢察官ナリ而シテ被害者タル人民ハ一ノ困難モナク一ノ失費ヲモ要セサル者ナリ但各人自ラ其利益ニ注意シ其權理ヲ保護スルハ固ヨリ當然ノ事ナルヲ以テ被害者ハ何人ト雖モ檢察官ニ附帶シテ訴ヲ起スヿヲ許シ違警罪ノ如キ瑣細ノ件ナレハ既ニ檢察官ノ起訴アルニ拘ハラズ直ニ法衙ニ之ヲ告訴スルモ亦被害者ノ隨意ニ在リトス又檢事タル者ハ唯罪犯ヲ搜査シ其本人ヲ法衙ニ引致スルノミナラス又其起訴ヲ維持スルカ爲ニ法廷ニ於テ辨論スルノ義務アリ夫レ檢察官ハ固ヨリ社會ヲ保護スルヲ以テ任務トスル者ナレハ造次顚沛

ト雖モ社會ノ利益ヲ伸暢スルヿヲ怠ル可ラス熱心以テ社會ノ權利ヲ保護スルハ則チ撿察官ノ本分ナリ之ヲ要スルニ世ノ辨護人代言師等カ其辨護ヲ托サレタル者ノ爲ニ盡ス所ノ熱心ハ撿察官ニ在テハ之ヲ社會ノ秩序ヲ維持シ國安ノ安寧ヲ保護スルニ用ヒサル可ラサルナリ

第四編

第二章　宥免特赦ノ權ヲ論ス

夫レ宥免特赦ノ權ハ王權中ノ最モ美ニシテ最モ貴重ナル者ナリ罪アル者モ此權ニ依テ白刃其頭ニ臨ムヲ免レ無辜ノ者裁判官ノ過失ニ因リ將ニ鬼籍ニ陷ラントスル者モ此權ノ爲ニ蘇生シ再ヒ青天白日ヲ見ルヿヲ得ルナリ然レハ

則チ仁君ニ在テハ未タ此權ノ如ク行フテ快キ者ハアラサル可シ昔者「シセロン」曾テ「リカリコス」ノ爲ニ哀ヲ「セザル」ニ請テ曰ク「大王、天ノ慶福ヲ受ル既ニ極リナシト雖モ未タ人命ヲ保存スルカ如ク快樂ノ其レ大ナル者ハアラサルヘシト之ヲ要スルニ人君ハ此權ヲ以テ生靈ノ禍福ヲ定メ其生殺ヲ決ス但此權ニ關シ立憲君治ノ專制君治ト相異ナル所ハ即唯立憲君治ノ制ニ在テハ擅マヽニ人ヲ刑場ニ送致スルヲ得サルニ在ルノミ宥免特赦ノ權ハ政治ノ一大妙機ニシテ君主ナシテ適度ニ之ヲ使用セシメハ其功實ニ鮮少ナラサルヘシ是故ニ路易十六世ハ宥免特赦權ヲ立憲議會ノ爲ニ剝奪セラレタル時大ニ嘆息セリト云

抑佛國ニ於テ法律ヲ適施シ處刑ヲ宣告スルノ職ハ則チ裁判官ノ掌ル所ニシテ君主ハ自ラ罪人ノ處刑ニ干預セス假令ヒ大罪人ノ處刑ニ際スト雖モ英國ニ於ケルカ如ク君主敢テ之ヲ裁令スルヲ要セサルナリ

然リト雖モ君主ハ恰モ上帝ノ如ク過嚴ノ刑罰ヲ和ケ以テ裁判官ノ過失ヲ矯正シ又法律ノ缺典ヲ補フ等ノ權ヲ有ス蓋シ王位ハ獨リ威力ノミニ依テ建ツモノニ非スシテ又仁德ノ渥キニ依レハナリ夫レ寛仁ノ事タル正理ト相背馳スル者ニ非ス却テ之ト相待テ行ハル可キ者ナリ是故ニ宥免特赦ノ權ハ何レノ世何レノ國ヲ論セス必ス君權ニ屬スヘキ者トセリ然レモ一利一害ノ相伴フハ事物ノ常數ナレハ

此權ニ至テモ亦タ此ニ免ルヽヿ能ハス往々重大ナル弊害ヲ惹起スルヿアリ是ヲ以テ政治學者中或ハ其利益ヲ感スルヿ薄クシテ其弊害ヲ覺ユルヿ多キ者ハ宥免特赦ノ權ニ向テ頻リニ攻擊ヲ試ミタリ

論者曰ク立法、司法ノ兩大權ニ於テ定規ヲ踐ミ順序ヲ盡シテ決定シタル事ハ其他ノ者ニ於テ復タ之ヲ如何トモスヘカラサルヿ天下ノ大法ナリ然ルニ獨リ君主ハ裁判官ガ法律ニ依テ刑罰ヲ宣告シタルノ罪人ヲ特赦宥免スルハ豈ニ行政ノ成規ニ戻ルヿナキヲ得ンヤ加之凡ソ犯罪ニ罰アルハ刑法ノ大原則ニシテ惡徒ノ敢テ兇暴邪惡ヲ逞フセサルハ則チ此刑罰ヲ恐ルヽニ依テナリ然レハ則チ刑罰ハ公安

ヲ保持スルノ方便ニシテ決シテ之ヲ弛廢ス可カラス然ルニ宥免特赦ノ權アルヰハ則チ犯罪人其罪已ニ定ルト雖モ尚ホ万一ノ僥倖ニ依テ刑ヲ免ルヽニ恃ム所アリ是レ豈ニ一人ヲ罰シテ天下後世ヲ懲スノ制ヲ破壞スル者ニ非スヤ且夫レ犯罪人タル者ハ貴賤上下ノ別ヲ論セス平等ニ之ヲ國典ニ處スルヲ以テ天下ノ公道トコソ謂フヘケレ然ルニ此宥免特赦ハ往々犯罪人ノ身位ニ從ヒ又ハ其親族ノ威權アル者ヨリ請求スルニヨリテ之ヲ與フルモノナレハ之ヲ公道ニ背ク者ト謂ハサルヲ得ス抑社會上流ノ位地ヲ占メ財產教育ヲ兼備スル者ハ世人ノ標準トナル者ナレハ此輩ニシテ罪ヲ犯スカ如キハ其惡例ヲ流布シ民俗ヲ蠹毒スル

ヿ少ナカラス然レハ則チ之ヲ罰スルヿ寧ロ嚴ナルヘシ何ソ之ヲ寛假ス可ンヤ是ヲ以テ古ハ此輩ノ犯罪ヲ罰スルニハ平人ニ比シテ一層ノ嚴ヲ加ヘ未タ曾テ輕キニ失スルヿアラス而シテ此主義ハ實ニ道理ニ適合スルヲ以テ支那ノ如キハ今日尚ホ之ヲ實行セリト

以上論者ノ陳述スル所ハ即チ立憲議會カ特赦宥免ノ權ヲ廢棄スル時ニ當テ最モ勢力ヲ得タルノ理論ナリ蓋シ立憲議會ノ説ハ被告人ヲ裁判スルニハ陪審ノ制ヲ以テスレハ則チ之ヲ保護スルノ道ハ薄シト謂フ可ラス又何ソ特赦宥免ノ權ヲ用ユルヿヲ要センヤト云フニ在リ元來該議會ハ立法者ト云ハンヨリハ寧ロ哲學者ヲ以テ組織セシモノト

云フヘキ者ナルカ故ニ其說卒ヲ妄誕ノ空理ニ傾キタルノ弊アリ遂ニ百般ノ犯罪表ヲ制シ各犯罪ニ一定不易ノ刑罰ヲ適用セント企ルニ至レリ吁是レ何事ゾヤ凡ソ人ノ行爲ヲ判スルニ立法者ニ於テ此ノ如ク豫シメ一定不易ノ定則ヲ設クヘキモノナランヤ蓋シ同一ノ犯罪ト雖モ其情狀ハ千種万別ノ差アリテ事各々同シキヲ得ス從テ之カ刑罰モ亦輕重ナカルヘカラサルナリ然ルニ人智ハ限リアリ細微ノ小異ヲ擧テ一々之ヲ豫見スルカ如キハ決シテ能クスヘキ所ニ非サルナリ又裁判所ニ於テハ法律ニ罪名アルニモ拘ラスシテ宥免ヲ行フカ如キノ權利アラス然レハ則チ他ニ宥免特赦ノ權ヲ以テ裁判官ノ過失ヲ矯正シ又法律ノ缺

典ヲ補フ者ナクシテ可ナランヤ例ヘハ被告人既ニ刑ニ處セラレタルノ後ニ至リ人其無辜ナルヿヲ知ランニ若シ宥免特赦ノ權微リセハ被告人ハ復タ何ノ處ニカ寃枉ヲ伸フルノ道ヲ求ムルヲ得ンヤ加之佛國ノ刑律ハ夫ノ性來頑兇ニシテ屢罪ヲ犯ス者ヲ罰スルニスラ極メテ嚴酷ナルニ惟一時ノ過失ニ依テ罪ヲ犯シタル者ニ至ル迄毫モ寛假スル所ナキハ是レ豈ニ其宜ヲ得タルモノト謂フヘケンヤ假令ヒ平常德行ノ名アル者ト雖モ一タヒ過失アルトキハ平常ノ行爲ハ以テ一時ノ過失ヲ減量スルニ足ラスト爲スハ蓋シ德行ノ事タル立法者ノ眼ヨリ觀ルトキハ之ヲ減刑ノ事由ト爲スニ足ラサルガ故ナル乎嗚

呼三十年來ノ德行モ法衙ニ出レハ僅ニ一朝ノ過失ヲ償フニ足ラサルハ豈ニ嘆ズベキノ至ニ非スヤ是ニ由テ之ヲ觀レハ國家ニ大功勞アル者若クハ平常著明ナル德行アル者ノ如キハ君主ニ於テ之ヲ宥免特赦スルモ亦タ敢テ不正ノ事ト爲ス可カラス往昔「マンリユス」及「ホラス」等ハ死刑ニ當ルヘキ罪ヲ犯セシヿアリシト雖モ其羅馬ヲ救護シタルノ功勞ヲ憶フテ之ヲ宥免シタリ然レ𪜈之レガ爲ニ國法ヲ破ルヿヲ免レサリシ若シ當時ノ君主ヲシテ宥免特赦ノ權ヲ有セシメバ國家ノ救護者ヲ宥免スルガ爲ニ何ソ國法ヲ破ルヲ須ヒンヤ夫レ宥免特赦ノ權タル此ノ如ク功益アルモノナレハ宜ク之ヲ以テ君主ニ歸スヘキナリ況ンヤ人民ハ王

ヲ以テ己等ノ痛苦ヲ慰安スヘキ慈母ト仰キ其窮スルヿアル毎ニ未ダ曾テ號泣シテ哀ヲ君主ニ請ハズンバアラス故ニ王ヲシテ宥免特赦ノ權ヲ行ハシムレバ其人民ニ對シテ王權ノ光榮ヲ添ユルヿ實ニ其幾許ナルヲ知ラサルナリ

又此宥免特赦ノ權ハ處刑ノ徒ヲシテ正道ニ歸セシムルニ最良ナル方便トス夫レ君主ニ宥免特赦ノ權アルトキハ刑ニ處セラルヘキ者ハ減刑ヲ望ムノ情切ナルヨリ自ラ謹愼スルニ至ルベシ是ヲ以テ君主ハ毎年定日ニ於テ刑ニ處セラルヘキ者ノ行狀ヲ調査セシメ其品行ヲ修メ悔悟ノ狀ヲ呈シタル者ハ特典ヲ以テ之ヲ放免スルノ例トセリ

以上ノ理由ヨリ觀察ヲ下ストキハ宥免特赦ノ事タル時アリ

テ之ヲ行ハサル可カラサルモノト謂フ可シ唯往々其弊害ヲ免カルヽ能ハスト雖モ一利一害ノ相伴フハ人間萬事ノ常ナレハ復タ之ヲ奈何トモス可カラサルナリ故ニ此問題ノ利害ヲ決セント欲セハ先ツ利害得失ヲ比較對照シテ其利ノ果シテ害ニ優ルヲ見ハ則チ之ヲ以テ有益トセサルヲ得ス是ヲ以テ古來宥免特赦ノ權ヲ論スル者其時世ノ風潮ト人心ノ傾向トノ如何ニ從テ或ハ之ヲ是トシ或ハ之ヲ非トセリ故ニ一千七百八十九年ニ在テハ立憲議會ハ此權ヲ以テ危險ナル者トシ之ヲ廢シタリト雖モ共和暦第十年ニ至テハ元老院ノ議決ヲ以テ此權ヲ回復シ之ヲ國家ノ元首ニ歸シ今日ノ憲法モ亦タ此制ヲ用ヒタリ

然レモ凡ソ政權ノ區域ハ茫漠トシテ明白ナル者ニ非サレハ僅ニ憲法中二三ノ原則ヲ以テ政權ノ區域ヲ判定スルヲ得ス是ヲ以テ更ニ法律ヲ設定シ憲法ノ原則ヲ敷衍セントヿ最モ肝要ナリトス特ニ宥免特赦ノ權ノ如キニ至テハ必ス之ヲ敷衍スヘキ法律ナカル可ラス然ルニ立憲議會ノ舊法ヲ廢シテヨリ今日ニ至ル迄未タ之ニ代ルヘキ法律ノ制定アルヲ見ス今後ト雖モ尚ホ其制定ヲ近キニ見ルベカラサルカ如シ然レモ凡ソ事物ノ原則ヲ確定スルハ最モ肝要ノ事ナレハ吾輩ハ爰ニ公法學者等ノ主唱セル諸說ト政府ノ實行シタル規則トヲ摘撮シ以テ試ミニ此權ノ原則ヲ定メント欲スルナリ

抑宥免特赦ノ權ハ本來君主ニ屬スヘキ貴重ノ權ナリト雖モ封建時代ニ當テハ强大ナル侯伯及僧正若クハ朝廷ノ高官、大將、國司等皆此權ヲ僭用セリ其後、王勅令ヲ發シテ此獘ヲ禁シ獨リ自ラ此權ヲ掌握スヘキコヲ布告セシト雖モ二三ノ都市ニ於テハ尙ホ舊ニ依テ若干ノ特權ヲ維持シ王權ヲ侵ス者アリ即「オルレアン」ノ僧正カ入市ノ時ニ際シ悉ク市中ノ囚徒ヲ宥免シ又「ヴハントーム」ニ於テ毎年投枝祭（耶蘇「ジエルザレム」ニ入國スルノ際國人途ニ花枝ヲ舖ヒテ之ヲ迎フ後人此日ヲ名ケテ投枝祭ト云フ）ノ前ノ金曜日ニ於テ一人ノ罪犯者ヲ宥シ又「ルーアン」ノ僧正ガ毎年昇天祭ノ日ニ當テ一人ノ罪犯者ト其黨類トヲ赦免スルノ類是ナリ

然レモ右ノ如キハ其類多カラス而シテ此外ハ君主獨リ宥免ノ權ヲ握リ隨意ニ之ヲ行ヘリ

昔ハ君主罪人ニ刑ヲ加ヘサルノ目的ヲ以テ發スルモノハ一ニ之ヲ特赦ト名ケタリ然レモ其目的トスル所ニ從テ或ハ「アボリシヨン」ト云ヒ或ハ「レミシヨン」ト云ヒ其他「パルドン」「プール、エステー、ア、ドロアー」「ラツペール、ド、バン」「ラツペール、ド、ガレール」「コンミユタシヨン、ト、ペーヌ」「レアビリタシヨン」及「レヴビジヨン、ド、プロセー」等ノ諸名稱アリ

又「アボリシヨン」ヲ小別シテ一般ニ涉ルモノト一個人ニ止ルモノトノ二種トス

一、一般ニ涉ルノ「アボリシヨン」トハ一揆暴動ノ如キ王權ニ對

スル罪ニ關シ君主ハ國民中ノ一種族若シクハ一州一都市又ハ一群ノ集合ヲ爲シタル民ヲ擧テ之ヲ赦免スルモノナリ此類ノ赦免ハ君主ノ即位若クハ皇太子降誕ノ時ニ當リ之ヲ行フヿ最モ多シ而シテ之ヲ行フニハ明察ナル裁判官アリテ其執行ヲ掌ルニ非サレハ大ニ弊害ヲ生スルノ恐アルヲ以テ通例特赦委員ナル者ヲ設ケ被告人ノ嘆願及ヒ之ニ關スル書類ヲ受理セシメ其未タ縛ニ就カサル者ハ自ラ來テ虜トナリ而シテ後ニ委員ニ嘆願スルヲ要ス但シ其罪重クシテ赦免ニ堪ユ可カラサレハ之ニ通行劵ヲ附與シ若干日内ニ國外ニ出ツベキヿヲ命スルモノトス

又一個人ニ止ル「アボリシヨン」トハ罪犯ノ未タ確定裁判ニ

至ラサルノ前ニ方リ之ニ對スル公訴ヲ消滅セシムルモノヲ云フ又事過失ニ因ルカ若シクハ正當防衛ノ爲メ止ムヲ得サルヨリ人ヲ殺シタル者ヲ赦免スルトキハ之ヲ名ケテ「レミシヨン」ト云ヒ又自ラ首犯ト爲リ或ハ他ノ從犯トナリ全ク罪ヲ犯シタルニ非レトモ幾分カ之ニ干預セシ者例ヘハ人アリ他人ト闘爭シテ敵手ヲ毆打シ死ニ至ラシメタルトキ此闘爭ニ與カリタル者ノ如キ者ヲ赦免スルトキハ之ニ「パルドン」ノ狀ヲ附與スルノ例トセリ確定裁判ノ宣告アリシ後ニ於テ刑ヲ免スルヲ「グラース」ト云ヒ之ヲ輕減スルヲ「コンミユタシヨン」ト云ヒ加辱刑ヲ免シ財産及名譽ヲ回復セシムルモノヲ「レアビリタシヨン」ト云ヒ闕席裁判ニ因テ刑ノ宣告

ヲ受ケタル後五ケ年ニ滿ル迄纏ニ就カサル者ノ爲ニ罰金若クハ財産沒收ヲ免スルモノヲ「プール、エステー、ア、ドロアー」ノ狀ト云フ又「ラッペール、ド、バン」及「ラッペール、ド、ガレール」トハ水上苦役及ヒ追放等ノ刑ヲ免スノ謂ナリ

最終ノ「レヴビション」ノ狀トハ既ニ宣告シタル裁判ヲ平翻シ更ニ覆審ヲ求ルノ權ヲ被告人ニ與フルモノヲ謂フ此類ノ狀ハ被告人ヲ裁判シタル後ニ得ル所ノ證憑ニ因リ事實ニ錯誤アリシヿヲ覺知シタル場合例ヘハ人違ノ時若シクハ既ニ死シタリト思ヒシ者尚ホ生存セル時ノ如キ場合ニ於テ之ヲ附與スルノ例トセリ故ニ此「レヴビジョン」ノ狀ハ他ノ特赦狀ト大ニ異ナル所アリ今其要點ヲ擧ケンニ他ノ特

赦狀ヲ得ル者ハ獨リ刑ニ處セラレタル者ニ限レドモ「レヴビジョン」ニ至テハ然ラス處刑者ノ死後ニ於テモ其親族ヨリ之ヲ請求スルヲ得ヘシ是レ他ノ特赦狀ハ其刑ヲ免スルニ止リテ其罪ヲ滅スルモノニ非スト雖モ「レヴビジョン」ハ被告人之ニ因テ其寃ヲ雪クヿヲ得ルモノナルニ由レリ

諸特赦狀ノ中一般ニ涉ル「アボリション」ノ外ハ特赦ヲ受ケタル者ヨリ特赦狀ヲ出シテ裁定ヲ請ハサル可ラサルモノトス特赦狀ノ裁定ヲ請フ者ハ貴人ナレハ其請願狀ヲ大法院ニ、庶民ナレハ始審裁判官ニ出スヘシ而メ其裁定ヲ請フ者ハ身位ノ如何ニ拘ラス必ス頭ヲ露ハシ地ニ跪ツキ狀中記スル所ノ眞實ナルヿト宥免ヲ希望スルヿトヲ述フルノ

例トセリ
又特赦狀ノ裁定ヲ請フ者ハ自ラ來テ虜トナリ且民事原告人ニ特赦狀ノ事ヲ通知スル等ノ事ヲ要ス而シテ此通知ノ時ニ於テ若シ民事原告人ニ異議アレバ特赦ヲ拒ムヿヲ許セリ此等ノ事ヲ了リ然後ニ裁判官檢察官ト共ニ請願ヲ裁可ス但裁判官ハ如何ナル場合ニ在テモ君主ヲ諫諍スルノ權ヲ有シ時トシテハ君主ノ特赦狀ヲ下スニモ拘ラス豫審ヲ命スルヿヲ得タリ
又君主ノ特赦狀ヲ發スルヿ裁判確定ノ後タリトモ裁判官ハ其意見ヲ君主ニ陳フルノ權ヲ有セリ但君主再ヒ命ヲ下シテ罪人ヲ宥免セシムル時ハ異議ナク之ヲ行ハサル可ラ

サルモノトセリ蓋シ再ヒ命ヲ下スハ君主被告人ノ罪アルヿヲ認メサルニ非スト雖モ其刑ヲ免センヿヲ欲シ決シテ罪人ノ爲ニ欺カレタルニ非サレバナリ

又「レミシヨン及「パルドン」ノ狀ハ其未タ確定裁判ニ至ラサル前ニ於テ眞ノ犯罪トナラサル事實ヲ宥免スルノ謂ナレハ此場合ニ在テハ控訴裁判所ヨリ豫審ヲ命シ特赦狀ノ果シテ事實ニ適當スルヤ否ヲ審査スルノ權アルヘシ又犯罪ノ豫審中「アボリシヨン」ノ狀ヲ發セラレタル時モ亦タ同樣ノ法ニ依リ該狀ノ果シテ原告人ノ陳述及下調等ニ符合スルヤ否ヤヲ調査セシムルヿヲ得タリ是レ皆被告人ノ請願中詐僞若クハ犯罪ノ情狀ヲ隱匿スル所アラサルヤ否ヲ確

知センカ爲ナリ而シテ萬一詐欺隱匿ニ類スル事アルトキハ裁判官ハ特赦狀ヲ以テ無效ノモノトシ君主ニ向テ其特赦ヲ與ヘタル事件ハ起訴ニ係ル事件ト異ナレハ若シ明カニ起訴ニ係ル事件ヲ知領シ玉ハヽ蓋シ之ヲ特赦シ玉ハサルヘシト陳スルヿヲ得ヘキモノトス

以上ハ特赦狀ニ關シ一千六百七十年ノ勅令ヲ以テ定メタル所ナレモ其後革命亂ノ時ニ至リ屢刑法及憲法ヲ變更シタルカ故ニ君主ノ特赦權ニモ亦タ變革ヲ來シ今日ニ至テハ「レアビリタシヨン」ノ如キハ或ル定式ニ依循スルニ非サレハ君主ト雖モ濫ニ之ヲ與フルヿヲ得サル者トス加之或ル點ヨリ論スルキハ「レアビリタシヨン」ノ言渡ヲ爲ス者ハ

君主ニ非スシテ裁判所ニ在リト謂フモ可ナルモノアリ「レヴビジヨン、ド、プロセー」ノ狀ノ如キモ今日ニ至テハ亦タ大審院ノ掌ル所トナレリ之ヲ要スルニ君主ノ特赦權ハ世人ノ想像スルカ如ク廣大ナル者ニ非ズ是レ亦タ然ラサルヲ得サルカ如シ抑特赦權ナルモノハ裁判ノ執行ヲ沮ムモノニ非ス唯法律ヲ其儘ニ適用スルヿ或ハ酷ニ過ルノ場合アルニ當テ寛大ノ處置ヲ行ヒ以テ裁判ヲ和クルノミ英皇即位ノ際誓ヲ宣シ寛ヲ以テ裁判ノ嚴ヲ和クヘシトノ言アルモ蓋シ是ノ謂ナリ故ニ特赦ハ刑ヲ免スレトモ罪ヲ減セス一タヒ刑ヲ免セラレテ復タ罪ヲ犯ス者アレハ再犯ヲ以テ論シ之ニ刑ヲ加フルノ例ト爲セリ畢竟スルニ特赦ノ權ハ

法律ノ明文ニ依テ嚴重ナル裁判ヲ受ケ既ニ法律上上告スルノ途ナキ者ヲ救フノ權道ナリ然ルニ此權ハ素ヨリ法律ヲ以テ之ヲ抑束スヘキモノニ非ザレバ必ス公衆ヲシテ君主此權ヲ用ユルノ如何ヲ監督セシメサル可カラス蓋シ立憲君主政ノ國ニ於テ權力濫用ノ弊ヲ防クハ只事ヲ公ニスルニ在リ往時ハ君主「アボリシヨン」ノ狀ヲ以テ既ニ着手シタル豫審ヲ廢シ公開スヘキ裁判ヲ止メ以テ被告人ノ刑ト罪トヲ併セテ之ヲ特免スルヿヲ得タリシモ今日ニ至テハ是ノ如キ特赦法ハ全ク無効ニ歸セリ此古法ヲ以テスルトキハ被告事件ノ未タ公判ニ至ラサルノ前ニ於テ特赦ヲ行フガ故ニ被告人ノ果シテ罪アルヤ否ヲ知ルニ由ナシ又權威

アル者ニ在テハ其身、罪ヲ犯スニ先チテ豫メ特赦ヲ得ルノ策ヲ施スカ故ニ曾テ罪セラルヽノ憂アラス是レ豈ニ弊ノ大ナルモノニ非スヤ是ヲ以テ卓識アル公法學者ハ此類ノ特赦法ヲ排擊シ之カ爲ニ佛國ノ君主モ亦タ念ヲ此類ノ特赦ニ絕ツニ至レリ

凡ソ專斷ノ權ヨリ生スヘキ弊害ヲ豫防スルノ策ハ獨リ法廷ノ公開ニ在リ蓋シ法廷ノ公開ハ則チ事ノ是非ヲ輿論ニ訴フルモノニシテ人民ノ公議ハ君主ノ未タ其權ヲ行ナハサルニ先チテ或ハ寬大ニ處置スベシト云ヒ或ハ刑罰ヲ嚴峻ナラシムベシト求ムヘシ然ルトキハ君主ハ率ネ正當ナル公議輿論ニハ從ハサルヲ得サルナリ

且ツ夫レ被告人ノ未タ刑ヲ宣告セラレサルニ當テヤ未タ君主ニ於テ宥免スヘキノ罪アラサルナリ故ニ苟モ君主特赦ヲ行ハント欲スレハ必ス先ツ裁判官ニ於テ被告人ニ罪アルコヲ認メサル可ラス其故ハ罪ナクンハ被告人ハ敢テ特赦ヲ仰クコヲ要セサレハナリ加之被告人公判ヲ受ケ無罪ヲ宣告セラルヽトキハ其身一點ノ汚穢ヲ被ラスシテ誠ニ潔白ノ人タルヲ得レモ君主ノ特赦ニ至テハ啻ニ罪ヲ減セサルノミナラス却テ罪アルコヲ證セラルヽモノナリ是故ニ被告人公判ヲ受テ其冤ヲ雪カンコヲ勉メス却テ豫メ君主ノ特赦ヲ仰ク者ハ是レ道理ヲ解セサルノ小人ナリ何トナレハ則チ其爲ス所暗ニ法律ノ正路ヲ棄テヽ恩惠ニ依賴

スル者ナレハナリ
又君主ノ闕席裁判ヲ受ケタル處刑人ヲ特赦ス可ラサルヿモ亦此ト同一ノ理ニ由ル者ナリ蓋シ此場合ニ在テハ被告人裁判ヲ平飜スルヲ得サルニ非ス其身一タヒ法廷ニ出ルトキハ前日ノ裁判ハ全ク無効ニ歸スヘキ者ナリ是ヲ以テ被告人ノ猶法律ニ依テ援助ヲ求メ得ル限リハ特赦ノ如キ權道ニ依ルヲ許サヽルヿ猶昔日確定裁判ニ至ラサルノ前ハ減刑ノ特恩狀ヲ與フルヿヲ許サヽリシト一般ナリ加之闕席裁判ハ裁判ニ必要トスル所ノ夫ノ事ヲ公然ニスルノ點ニ於テ盡サヽル所アリ何トナレハ被告人法延ニ出テザレバ其裁判ハ則チ片言ヲ聽テ定ムル所ナルカ故ニ世人ハ

被告人ノ罪ノ輕重ヲ知ルニ由ナケレバナリ又被告人一タビ出廷シテ前ノ闕席裁判ハ無效トナラバ君主ハ何ノ爲ニ被告人ヲ宥免スルヲ須ヒシヤ

君主ハ公判ノ前ニ於テ一個ノ罪人ヲ宥免スルヿヲ得ザルノ理由此ノ如クナレバ則チ其一般ニ渉ル「アボリション」ノ權ヲ公判前ニ行フ能ハサルヿモ亦タ固ヨリ言ヲ待タサル所ナリ抑特赦ト大赦トハ其性質ヲ異ニシ素ヨリ混淆ス可ヲサルモノナリ特赦ハ法律ヲ其儘適用スルヿハ或ハ酷ニ過ルノ恐アリト認ムルノ場合ニ於テ君主一罪人ノ爲ニ格別ノ處分ヲ施スヿナレモ大赦ニ至テハ一般ノ法律ヲ停止シ之カ執行ヲ廢スルノ命令ニシテ特赦ト同日ノ談ニ非ス

是ヲ以テ憲法ハ君主ノ大赦ヲ行フコトヲ禁シタリ若シ此ノ如クセスンハ君主ハ屢大赦ヲ行フテ一法律若クハ刑法中ノ一條欵ヲシテ無効ニ歸セシムルニ至レハナリ故ヲ以テ特赦ハ素ヨリ司法權ニ由來スルモノナレ𪜈大赦ニ至テハ立法權ニ附屬セサルヲ得ス何トナレハ大赦ハ一般ノ布告ヲ以テ罪ノ一種類若クハ人ノ一種族ヲ宥免スルモノナレハナリ

然レ𪜈吾輩ハ制限ヲ設テ大赦ノ權ヲ君主ニ歸スルコハ敢テ大害ナシトスルナリ果シテ能ク此權ヲ確定スル時ハ之ヲ王權ノ中ニ列スルモ敢テ其不可ヲ見サレハナリ例ヘハ違式詿違ノ罪、森林ニ關スル罪、護國軍ニ關スル罪、兵士脫營

ノ罪等ニ就テ公安上之ヲ宥免スヘキヤ否ヲ決スルハ實ニ行政ノ權內ニ在ルカ如シ國事犯ノ如キモ亦恐クハ此種ノ犯罪ト同ク之ヲ行政權ノ管轄ニ屬セシムヘキ歟然ト雖モ今日ノ法律ハ未タ此權ヲ以テ君主ニ屬セシメサルカ故ニ一切ノ重罪輕罪ヲ起訴セス且之ヲ公判ニ附セスシテ大赦スルノ權ハ獨リ國會ニ在テ存セリ

君主若シ特赦ヲ行ハント欲スレハ其特赦狀ヲ秘書局ニ致シ宰相三人(司法卿其內ニ在リ)元老院議官二人參事院議官二人及大審院撿事二人ヲシテ之ヲ議セシメ而ル後ニ控訴裁判所ニ致シ處刑者ノ前ニ於テ之ヲ裁定セシム但今日ニ至テハ犯罪人頭ヲ露シ地ニ跪イテ自ラ特赦狀ノ裁定ヲ請フ

ヲ要セス是レ我國ノ人情ニ適セサルヲ以テ之ヲ廢シタルナリ又敢テ狀中記スル所ノ眞實ナル所以ト宥免ヲ希望スル所以トヲ誓フヲ要セス然レトモ君主ハ一罪人ヲ宥免スルヤ先ツ該罪人ノ宥免ヲ希望スルヤ否ヲ知ラサル可ラス何トナレハ公議輿論ニ於テ宥免スヘシト論スルカ故ニ本人ノ請願ナシト雖トモ特赦スルカ如キ場合ニ在テハ犯罪人或ハ宥免ヲ希望セサルヤモ圖ル可ラス又死刑ヲ減シテ終身懲役トナスカ如キ場合ニ在テハ刑ニ處セラルヘキ者或ハ永ク苦痛ヲ受ケンヨリハ寧ロ速ニ死ニ就カント欲スル者アルヘシ是ニ由テ之ヲ觀レハ犯罪人ノ前ニ於テ特赦狀ヲ裁定シ暗ニ其宥免ヲ希望スルヤ否ヲ試ルハ頗ル緊要ノ事

ト謂ハサルヲ得ス

夫レ特赦狀ヲ裁定スルコハ無益ノ式ニ非ス其結果タル極メテ肝要ナル者アリ第一此裁定ノ事タル裁判ノ執行ヲ停止スルニ必要ナリトス抑裁判官判決ヲ宣告スル片ハ人ヲシテ之ヲ敬重セシメサル可カラサルカ故ニ君主モ亦タ公式ニ依テ公力者ニ下命シ該判決ヲ執行セシムルモノトス然レハ則チ今其執行ヲ停止セントスルニ當テハ執行ヲ命スルト同樣ナル公式ヲ以テ君主ノ其前日ト相反シタル意想ヲ表シ裁判書類ノ文庫中ニ罪ヲ宣告シタル書類ト共ニ其罪ヲ宥免シタルノ書類ヲ藏蓄セシメサルヘカラス故ニ特赦狀ヲ裁定セシムルハ則チ公式ニ依テ君主ノ意想ヲ

裁判廳ニ通シ以テ裁判執行ヲ停止セシムル所以ナリ第二裁定ノ事タル君主ノ裁判官ヲ敬重スル所以ナリ夫レ君主特赦ヲ行フト雖モ被告人ヲシテ獨リ君主ノ恩ヲ知テ裁判官ヲ怨望スルヿアラシムヘカラス故ニ特赦狀ヲ裁判所ニ送致シ曩ニ判決ヲ宣告シタル者ハ口ヲ以テ君恩ハ優渥ナル所以ヲ被告人ニ知ラシムルヿトナスナリ第三裁定ハ裁判長ヲシテ特赦ノ事ヲ監理セシムル所以ナリ夫レ控訴裁判所ハ特赦狀ノ裁定アルノ前ニ於テ先ツ其体裁ノ果シテ成規ニ符合スルヤ否君主之ニ鈴印シタルヤ否宰相之ニ副署シタルヤ否贋造ノ疑アラサルヤ否特別ナル事件ノ爲メニ發セラレテ明ニ該事實ヲ示シタルヤ否及共和曆第十年

テルミドル」月十六日元老院議決書ノ第八十六條ヲ以テ定メタル如キ特赦委員ノ意見ヲ採リタルヤ否等ヲ調査セサル可カラス裁判所ハ特赦狀ノ右諸件ニ適合セルヿヲ認メタル後始メテ特赦ノ君主ノ眞心ヨリ出テタルヿヲ確信スヘキナリ又裁判所ハ獨リ特赦ノ体裁ヲ調査スルノミニ非ス併セテ君主ノ意思如何ヲ探究スルノ權アリ蓋シ特赦ノ權タル素ヨリ君主獨占ノ者ナレモ之ヲ行フニ至テハ若干ノ規則ニ從ハサル可ラサルナリ此等ノ規則ハ往時ト雖モ君主ノ免ルヽヿヲ得サリシ所ナリ試ニ一千六百七十年ノ制ニ依ルモ尚ホ且ツ大法院ハ君主ヲ諫諍スルノ權アルノミナラス又時トシテハ特赦狀ノ裁定ヲ拒ムヿヲ得タリ奈

何ゾ漸次王權ヲ制限セント欲スル今日ノ時運ニ至テ特赦權ノミ獨リ之ヲ振張スヘケンヤ

如何ニ畏ムヘキ小人ト雖モ如何ニ宥ス可カラサル罪人ト雖モヲ君主ハ之ヲ宥免スルヿヲ得ヘシ此點ヨリ觀察ヲ下セハ特赦ハ無限ナル君權ト謂フ可シ夫レ特赦ハ純然タル君權ナルヲ以テ宰相其責ニ任スルヿ罕ナリ蓋シ立憲政体ニ在テハ百般ノ事業一トシテ君主之ヲ宰相ニ商議シテ而シテ後ニ之ヲ行ハサルハ無シト雖モ此特赦ノ事ニ至テハ君主實ニ自ラ之ヲ行フモノナリ

夫レ君權ハ無限ニソ君主ハ他人ノ抑制ヲ受ケサル者ナルカ故ニ特赦ノ事ハ古昔王權ノ未タ能ク確定セサル時ニ當

テモ之ヲ純然タル君權トナシ君主ノ宰相ニ商議シテ後ニ行フ所ノ行政事務ト區別セリ例ヘハ君主行政上ノ事ニ關シ宰相ニ諮詢シテ其意見ヲ聽カント欲スルトキ各宰相ハ自由ニ其意見ヲ吐露スルヲ得ヘキヿヲ表センカ爲ニ皆ナ坐ニ就キ帽ヲ戴キナガラ其說ヲ述ヘタリ然レ𪜈君主ノ特赦狀ニ鈐璽スルトキハ各自起立シテ帽ヲ脫セリ是レ君主自ラ上帝ノ事ヲ行フ者トシ之ヲ敬スル所以ナリ但シ君主依怙ニ依リ法律ノ許サヽル場合ニ於テ特赦ヲ行フカ若クハ處刑者ノ闕席裁判ヲ受ケタル者又ハ未タ公判ニ至ラサルノ罪ヲ宥免スルトキハ控訴裁判所ハ之カ裁定ヲ拒マサル可カラス古制ニ依レハ此ノ如キ場合ニ際シテハ裁判所

ハ必ス之ヲ拒マサル可カラサル義務ヲ負ヘリ然レトモ特赦ノ事タル素ヨリ人ノ美事トナス所ナレハ裁判所ノ之ニ抗抵スルコハ極メテ小ナク率予審査ヲ須ヒスシテ之ヲ裁定スルモノトナス

特赦ノ權ハ吾輩ノ前述スル如ク或ル點ニ於テハ無限ナル者ナリ故ニ君主ハ罪犯ノ種類ニ論ナク又裁判ヲ宣告シタル裁判所ノ輕罪タルト重罪タルト又ハ軍事犯タルトヲ問ハス特赦ヲ行フヲ得サルコナシ又元老院ニ於テ君主ノ命ニ依リ法衙ノ性質ヲ以テ國ヲ害スヘキ罪ヲ犯シタル者ヲ糺彈スルヰ又ハ國會ノ起訴ヲ受テ不正ノ事ヲナシタル宰相ヲ裁判シタル時ノ如キ判決モ亦タ君主之ヲ變更スルノ

權アル可シ何トナレハ君主之ヲ爲スノ禁ハ未タ法律ノ明文中ニ見サル所ナレハナリ但判決ヲ下ス者法衙ニ非スシテ立法府ニ在ルトキハ君主其權ヲ用ユルヲ得サルモノトス夫ノ拿破崙及查理十世ノ親族ハ永世佛國ニ復歸スルヲ得ス又君ヲ殺スモノハ追放ノ刑ニ處スヘシト定メタルカ如キハ素ヨリ法律ノ爲ス所ナレハ行政權ハ此等ノ人々ヲ宥免シ佛國ニ復歸セシムル事ヲ得サルナリ是レ他ナシ此ノ規則ヲ定メタル者ハ判決ニ非スシテ法律ナリ司法權ニ非スシテ立法三大權(君主及兩議院)ナレハナリ抑立法權ノ命スル所ハ君主之カ執行ヲ停止スルヲ得サルノミナラス却テ之ヲ助ケサル可ラス立法三大權ニシテ一度ヒ事ヲ決定シタル

時ハ君主ハ其事ノ適否ヲ論スルコトナク唯之カ批准ヲ拒ムヲ得ルノミ然レトモ是其事ノ未タ法律トナラサル前ニ於テスヘキ事ナリ君主既ニ立法部員ノ資格ヲ以テ右若干人ヲ追放ニ處ス可キ法律ヲ頒布シタル後ハ君主ハ其權ヲ以テ曩ニ自ラ贊成シタルノ行事ヲ打消ス可ラス之ヲ複言スルトキハ右追放ノ處分タルヤ君主ノ設置ニ係ル所ノ裁判官ニ於テ決シタルニ非スシテ優等ノ權威アル混合体ノ決定スル所ナリ況ンヤ君主ハ既ニ一タヒ之ヲ批准シ以テ其同意ヲ表シタルニ於テヲヤ

又特赦ノ權ハ之ヲ眞ノ刑罰ニ施スヲ得ヘシト雖トモ損害賠償トシテ宣告シタル刑罰ニハ之ヲ施スヘカラス此區別タ

ル財務ニ關シテ其例ヲ見ルヿ頗ル多シ即關稅及間接稅ノ類是ナリ此等ノ事ニ關シテ裁判所ノ罰金ヲ宣告スルハ例ヘハ唯密輸出入ヲ企テ將ニ國庫ニ及ホサントシタル損害ヲ賠償セシメンカ爲ノミ故ニ此場合ニ於テハ君主特赦ノ權行フヘカラス且犯罪人ヨリ徵收シタル罰金ハ國庫ノ利益トナルナリ是レ他ナシ特赦ノ權ハ眞ノ刑罰ニ就テ行ハルト雖モ損害ノ賠償ヲ免スルヿヲ得サレハナリ然リ而シテ眞ノ刑罰ハ君主獨リ之ヲ特赦スルヲ得ルノミナラス之ニ關スル官廳モ亦タ之ヲ減刑スルヿヲ得ヘシ

君主ノ特赦ノ權タル法律ニ依テ制限セラルヽ此ノ如シト雖モ此制限ノ如キハ全ク君權濫用ノ弊ヲ豫防センカ爲ニ

シテ王權ハ未タ之ヲ以テ其廣大ヲ失ハス而シテ特赦ハ素ヨリ屢〻之ヲ行フヘキモノニ非ス若シ屢〻之ヲ行ヒ濫恵ヲ施スキハ人民ハ君恩ノ優渥ナルヲ感セス終ニ法律ハ空シク人ヲ威嚇スルノ虚器ニシテ獨リ君主ニ其請願ヲ達シ得サル薄命者ノミ之カ爲ニ罰セラルヽヿト思惟スルニ至ラン故ニ特赦ノ濫ナルハ司法權ヲ賤シメ罪人ヲシテ無罰ノ僥倖ヲ期望セシムルニ至ルヘシ果シテ此ノ如キニ至ラハ特赦モ亦タ仁恩ノ厚キニ出ツルニ非スシテ苞苴請願ノ力ニ依ルト謂ハルヽモ亦タ之ヲ辨解スルノ辭ナカルヘシ試ニ看ヨ王政復興ノ初ニ當テ特赦ヲ行フノ濫ナリシカ爲ニ人民ヲシテ官省ニ於テ之ヲ賣買スルヿ猶官位勳爵ヲ賣買シ

ダルカ如キニ非サルヤノ疑ヲ起サシメタルニアラスヤ
夫レ政治其宜キヲ得ルノ國ニ在テ刑罰ヲ用フルノ罕ナルハ特赦ヲ行フノ屢ナルカ爲ニ非スシテ罪ヲ犯スモノヽ少キニ因ルナリ政治其宜シキヲ得サルノ國ニ在テ刑罰ヲ用ユルノ少キハ是レ罪ヲ犯ス者ノ多クシテ法律ノ力薄キニ依ル羅馬共和政治ノ時ニ當テハ元老院モ行政長官モ皆ナ特赦ヲ用ヒス其人民ノ政權ヲ握ル時ト雖𪜈唯罕ニ裁判ノ覆審ヲ命セシヿアルノミニシテ敢テ特赦ヲ行ハサリシ若シ特赦ヲ行フヿ濫ニ失スレハ終ニハ罪アルモノト雖𪜈特赦ヲ待タスシテ刑ヲ免ルヽニ至ラン此ノ如キハ則チ國家ノ命運果シテ如何ソヤ

「モーリス」帝ハ誓テ臣民ノ血ヲ濺カスト云ヒ「アナスタス」ハ罪アル者ト雖モ罰セス「イザアク、ランジユ」ハ其即位以後決シテ人ヲ死セシメスト誓ヘリ此等希臘ノ諸帝王ハ其劍ヲ帶フルハ果シテ虚飾ノ爲ニスルニ非サルヿヲ忘失セルモノト云フヘシ

第三章　復權ノ事ヲ論ス

理論上極メテ善美ナル事項モ之ヲ實際ニ施行スルニ及ンテ全ク其美ヲ湮沒スルハ不幸ニシテ吾人ノ多ク見ル所ノ通弊ナリ我國ノ刑法ハ固ヨリ疵瑕多クシテ屢世人ノ非難ヲ招キタルモ又其中ニ就テ立法者ノ純良ナル精神ヲ見ルヘキ所ナキニ非ス然ルニ其實施ニ至テ動モスレハ陋弊ニ陥リ為ニ純良ノ精神ヲシテ畫餅ニ屬セシムルハ寔ニ遺憾ト謂ハサルヲ得ス即復權ノ制ノ如キハ以テ其一例ト為スヘシ固ト此制タル優秀高美ノ思想ニ基キ其益スル所モ亦尠カラスト雖モ其實施ノ條規頗ル煩冗ニ渉ルカ為ニ充分ノ効果ヲ見ルヲ得サルナリ

皮相ノ觀ヲ以テ事物ヲ判斷スル者ヨリ見ルトキハ凡テ人ノ罪惡ハ刑罰ノ執行ト共ニ消滅スヘシト考ヘラルヽコトアルヘシ何トナレハ人ノ刑ニ處セラルヽヤ即チ其社會ニ對スル負債ヲ償却シタル者ナレハ社會ハ復タ之ニ向テ一事ヲモ要求ス可ラサレハナリ是レ「ベンサム」ノ論旨ナレトモ亦謬見ノ甚シキ者ナリ夫レ心性ノ負債ハ金錢ノ負債ト異ナリ金錢ノ負債ハ其義務ヲ辨償スルト同時ニ消滅スレトモ心性ノ負債ニ至テハ其人假令ヒ刑罰ヲ受ケタルノ後ト雖トモ尚ホ消滅ス可ラサルノ痕跡ヲ留ム蓋シ一度ヒ刑ニ處セラレタル者ハ世人ノ爲ニ厭忌セラルヽコト恰モ癩疾ヲ患フル者ニ異ナラサルノミナラス又諸般ノ事ニ關シテ無能力ナル

人ヲシテ一見シテ罪犯人タルヿヲ知ラシムヘシ何トナレハ一タヒ刑ニ處セラレタル者ハ監視ニ附セラレ加之假令ヒ自ラ他人ノ罪跡ヲ目擊スルモ裁判所ニ於テ證人トナルヿヲ得ス其兄第ノ子、孤トナルモ後見人トナルヿヲ得ス其他公會議ニ列スルヿ、官吏トナルヿ、學校ヲ開クヿ、兵籍ニ入ルヿ等、一モ之ヲ爲スヿヲ得ス又其身武器ヲ蓄フルヿ能ハサルヲ以テ若シ兇暴者ニ出會スルトキハ即其性命ノ終ルヘキ時ト覺悟セサル可ラス蓋シ右諸禁ハ方正廉直ナル者ト同一ニ犯罪者ヲ信用ス可ラストノ趣意ニ基クモノナリ然リ而シテ一タヒ刑ニ處セラレタル者ト雖モ永久法網ニ束縛セラレ再ヒ昔日ノ位地ヲ復シ得サルノ理ハ之レ有ル可

ラス若シ夫レ過失ヲ罰シテ善行ヲ賞スルヿ果シテ天下ノ大道ナラハ則チ處刑人ノ過ヲ悔ヒ善ニ遷リタル者ヲシテ舊惡ノ痕跡ヲ滅シ新ニ生活ヲ營ムノ道ヲ得セシムルハ至公至正ノ處置ト謂ハサルヲ得ス是レ復權ノ設アル所以ナリ故ニ復權ノ制ハ犯罪人其志ヲ改メタル者ノ罪跡ヲ滅シ施行ヲ中止セラレタルノ權利ヲ還シ之ヲシテ再ヒ世間ノ信用ヲ得セシメ又裁判所ニ於テ證人トナリ孤子ノ後見人トナリ其他尋常人ト同樣ナル權利ヲ享有スルヲ許スモノナリ

抑此復權ハ立法者人性ノ脆弱ニシテ過ヲ悔ルノ遠カナルヿヲ慮テ制定シタルノ法制ナレハ最モ善美ノ精神ニ基ク

ト謂ハサルヲ得ス又其政略上ニ利益アルヤ少小ニ非ス即チ他ノ囚人ノ移善心ヲ奬勵シ之ヲシテ爭テ善心ニ歸セシム其利一ナリ本人ヲシテ將來世ニ立ツコヲ得セシム其利二ナリ從來社會ニ對シ危害ヲ加ヘタル兇徒ヲ薰化シテ良民トナス其利三ナリ然リ而シテ凡ソ復權ヲ得ル者ハ種々ノ試撿ヲ經タル後ニ非サレハ眞ニ其權利ヲ回復シ得サルヲ以テ社會ニ在テハ右復權ヲ得タル者ノ爲ニ危害ヲ被フルノ憂アル可ラス嗚呼此復權ノ制ハ本ト是ノ如ク有利無害ノ者ナレハ豈ニ何ソ之ヲ發達セサル可ケンヤ

復權ノ制ハ既ニ在昔ノ法律中ニモ存シタリト雖𪜈彼千六

百七十年ノ布告第十六章第五六七條ニ所謂復權ハ全ク君主ノ恩惠ニ出テ之ヲ許可スルニ於テ敢テ法律上ノ定規ニ從フヿヲ要セサリキ古ヘノ著述者曾テ之ヲ解釋シテ犯罪人刑役ヲ畢リタルノ後其身ニ蒙ムリタル汚痕ト民事上ノ無能力トノ爲ニ生活スル能ハサル𪜀之ニ財產ト名譽トヲ復セシムルノ謂ナリトセリ

立憲議會モ亦タ此精神ヲ襲用シタレ𪜈該議會ハ此制ノ性質ヲ一變シ從來君主ノ恩惠ニ係ルヲ改メテ處刑人カ當ニ享有スヘキノ權利トセリ是ニ於テ一タヒ罪犯ノ爲ニ名譽ヲ失ヒタル者ト雖𪜈過ヲ悔ヒ志ヲ悛ムル以上ハ君主ノ恩惠ヲ待タスシテ當然社會ニ歸ルヘキヿトナレリ蓋シ該議會

ハ罪犯ヲ懲ラスヿ天下ノ公道タラハ遷善ヲ賞スルモ亦タ天下ノ公道タリトノ説ヲ採レルナリ知ル可シ立憲議會ハ君主ニ與フルニ特赦ノ權ヲ以テセスト雖モ復權ノ制ニ至テハ必ス其設ナカル可ラサル所以ヲ覺知シタルヿヲ且ツ立憲議會カ復權ノ制ニ就テ定メタルノ手續ハ極メテ簡易ヲ旨トセリ其法、先ツ町村會ニ於テ本人ノ品行ヲ調査シ果シテ復權ヲ許スニ足ルト認メタルトキハ町村官吏兩名同道ニテ重罪裁判所ニ至リ高聲ニ此人ハ刑期ヲ滿タシテ其罪犯ヲ消滅セシメ今日ニ至リテハ其品行更ニ間然スヘキ所ナシ之ニ依テ吾々國民ニ代リ其罪ヲ消滅セシメラレンヿヲ冀望スト云フ此時所長ハ直ニ言渡シテ曰ク法律及裁判所

ハ國民ノ請求ニ應シ正ニ汝ノ罪ヲ消滅セシムト
治罪法制定ノ時ニ至リ右正大ノ手續ヲ廢シ之ニ代フルニ煩冗ナル法式ヲ以テシタリ此法制ニ據レハ處刑人願書ヲ認メ之ニ必要ノ書類ヲ添ヘテ控訴裁判所ノ書記局ニ出シ又自ラ其願書ヲ法律ニ關スル新聞紙ニ登載スルヲ要ス大撿事請願ヲ聞クキハ意見ヲ述フ是ニ於テ控訴裁判所ハ處刑人ノ請願ヲ受理スヘキヤ將タ之ヲ廢却スヘキヤヲ決シ若シ受理スヘシト決シタル時ハ書類ヲ司法卿ニ送達ス司法卿之ヲ受テ勅裁ヲ仰キ而ル後ニ復權狀ヲ附與ス
此法制ニ據レハ復權ヲ許スニ種々ノ手續ヲ要スルニモ拘ハラス到底勅裁ヲ仰クニ非サレハ之ヲ言渡スヿヲ得サル

ノ法ナリ故ニ復權ヲ行フノ權利ハ全ク君主ノ權内ニアリト謂フ可シ果シテ然ラハ治罪法ノ制ハ徒ニ無用ノ法式ト謂ハサルヲ得ス否ナ處刑人ニ便益ヲ與フルヨリ寧ロ之ニ障阻ヲ與フルノ有害物ト謂ハサルヲ得サルナリ蓋シ治罪法ヲ制定シタル立法者ハ千七百九十一年ノ刑法ヲ取ルニ時世ノ變遷ヲ察セサル者ナリ語ヲ換ヘテ言フトキハ右立法者ハ特赦權ヲ以テ君主ニ歸スルトキハ復權ヲ行フノ權モ亦タ單ニ之ヲ君主ニ委セサル可ラサルヲ知サル者ナリ

抑千七百九十一年ノ法制ニ據レハ君主ハ特赦ノ權ヲ有セス又復權ハ處刑人ノ當然享有スヘキノ權利タリシヲ以テ若干ノ時日ト手續トヲ要セシモ亦然ルヘキコナレトモ今日

復權ノ君恩ニ出ルニ至テ尚ホ之ニ時日ト手續トヲ要スルハ豈ニ時世ノ變遷ヲ知ラサル者ト謂ハサル可ケンヤ試ニ今日ノ法制ニ從ヘハ君主ハ死刑ヲ宥免スルニ毫モ時日ト手續トヲ要セサルニ人ニ武器ヲ蓄フルコヲ許サントス欲スレハ若干ノ法式ニ從ハサルヲ得ス又苦役廿年ニ該ルヘキ重罪人ハ法式ニ從ハスシテ之ヲ特赦スルコヲ得ルニ人ニ兵卒トナリ又法廷ノ證人トナリ或ハ近親ノ後見ヲ爲スコヲ許サント欲スレハ五年間ノ試撿ト煩冗ナル手續トヲ經サル可カラス豈ニ事物ノ輕重緩急ヲ過マラスヤ今日ノ立法者ハ此等ノ結果ニ思ヒ及ハサリシ者ト云フモ蓋シ之ヲ辨解スルノ辭アラサルヘシ

然ルニ或ハ特赦ト復權トノ間ニ强テ區別ヲ設ケ此法制ヲ辨護セント欲スル者アリ曰犯罪人ニハ主刑ノ外尙ホ附加刑トシテ民權及政權ヲ剝奪セラルヽ者アリ是ハ社會ニ於テ信用ス可ラスト認メタル者ナシテ濫リニ尋常人ト同樣ナル權利ヲ施行セシメサルノ法ナリ然ルニ特赦ノ權ハ僅ニ主刑ヲ免スニ止テ右ノ如キ附加刑ニ及ホスヿヲ得ス然レハ則チ豈ニ此無能力ヲ除クノ法ナカル可ケンヤト嗚呼是レ牽强附會ノ說ト謂ハサルヲ得ス此論理ヲ碎破スルニハ好例アリ即判決執行ニ先テ特赦ヲ行フトキハ剝奪公權モ亦タ自ラ之ト共ニ消滅スルヿ是ナリ若シ果シテ論者ノ說ノ如クナラハ此際ト雖モ何ソ依然トシテ附加刑ヲ存セサ

ルヤ今其然ラサルヲ見レハ論者ノ説ハ全ク牽強ナリト謂バサル可カラス然レモ奈何セン治罪法ノ條欵ヲ制定シタルハ君主ニ特赦權ヲ委子タル法律ノ後ニ在ルヲ以テ君主ハ定例ノ時日ト手續トヲ履マサルヲ得スト雖モ其特赦ノ權ヲ以テ併セテ剝奪公權ヲ解クコトヲ得セシムルハ斷シテ道理ニ適合スルモノト謂フ可シ

治罪法ニ於テ復權ヲ行フノ權利ヲ制限シタルコト唯右ノ時日ト手續トニ止ラス同法ノ草案ニテハ千七百九十一年ノ法制ニ倣ヒ復權ヲ以テ主刑ヨリ生スヘキ一。切。ノ。結。果。及一。切。ノ。不。能。力。ヲ解除スヘキモノト定メタルヲ參事院ニ於テ「一。切。ノ。結。果。」ノ數字ヲ削除シタルヲ以テ復權ノ効能ハ唯處

刑人ノ不能力ヲ解除スルニ止ルヿトナレリ吾輩ハ凡ソ主刑ヨリ生スル結果ノ中、復權ト共ニ消滅セサル可カラサル者一アリト信ス即チ復權以前ノ罪犯ハ其以後ノ罪犯ノ再犯加重ノ基トナル可ラサルヿ是ナリ夫レ復權ノ本性タルヤ處刑人ヲシテ其未タ處刑ノ判決ヲ受ケサル前ノ如キ榮譽權利尊信等ヲ得セシムルヲ以テ目的トスルニ非スヤ苟モ本人既ニ改心シテ犯罪ノ形跡ヲ留メス再ヒ同胞人士ノ斑ニ列スルニ至ラハ則チ是レ再生ノ人ナリ假令ヒ罪アリト雖モ豈ニ舊惡ノ爲ニ刑ヲ加重スヘケンヤ然レモ今日ノ法制ニ據レハ假令ヒ被告人重罪裁判所ニ於テ此等ノ論理ヲ喋々スルモ裁判官ハ之ニ刑法第五十六條ヲ示シテ一言

ノ下ニ其論理ヲ碎破センノミ

又現今ノ法制ニ據レハ重罪再犯者ト輕罪ヲ犯シタル者トハ復權セラルヽヲ得サルモノトス右輕罪ニ係ル法制ハ全ク立法者疎忽ノ過ニ由ルト謂ハサルヲ得ス夫レ輕罪ノ處刑人ト雖𪜈早晩社會ニ歸ルヘキ者ナレハ名譽ト信用トヲ要スルハ智者ヲ待タスシテ知ル可シ然ルニ今日ノ法制ニ於テ此輩ハ永刧不能力タルヘキ者ト定メタルハ實ニ奇々怪々ト謂ハサル可ラス況ンヤ重罪ノ處刑人ハ復權ヲ得ルノ期アルニ獨リ輕罪ヲ犯シタル者之ヲ得ル能ハサルハ豈ニ輕重ノ順序ヲ過マラスヤ然レ𪜈法典中ニ明言スル所ハ君主ト雖𪜈濫ニ之ヲ變ス可カラサレハ復タ之ヲ奈何トモ

スル可カラサルナリ

重罪再犯者ニ就テハ「ベルリエー」氏曾テ參事院ニ於テ謂テ曰ク頑陋ニシテ刑ニ懲リサル者ハ此恩惠ヲ與フ可ラス故ニ法律ノ明文ヲ以テ之ヲ拒絕スルヿ最モ然ル可シト夫レ然リ然リト雖モ人間ノ裁判ハ固ヨリ確然不易ナルヿ能ハサレハ時ニ或ハ錯誤ナシトス可ラス然レハ則チ之ヲ以テ上帝ノ裁判ノ如ク嚴格ナラシメ永ク處刑人ノ悔悟ノ路ヲ塞クハ豈ニ法制ノ宜キヲ得タルモノニ非サルナカランヤ之ヲ要スルニ現今復權ノ制ハ極メテ不完全ナル者ト謂ハサルヲ得ス法律ノ之ヲ制限スル甚ニ過キ其手續ヲ定ムル煩冗ニ失シタルカ爲ニ却テ其効能ヲ損シタリ今復權ノ制

ヲ設ケタル立法者ノ精神ヲ察スルニ獨リ仁愛ノ趣意ニ出テタルニ非スシテ社會公衆ノ利益ヲ圖テ設ケタル者ナリ夫レ處刑人ニ於テ其生活ノ障礙ヲナスヘキ無能力ノ解除セラレンコヲ望ムハ固ヨリ疑ナシト雖モ曾テ已レニ危害ヲ與ヘタル者ヲ薫化シテ良民トナスハ特ニ社會ノ利益ナリ故ニ復權ニ關スル制度ノ消長ハ處刑人ヨリ寧ロ社會ニ於テ劇ク痛痒ヲ感スル所ナレハ立法者ハ其制ヲシテ愈發達セシメサル可カラス若シ夫レ宜キニ適セハ復權狀ハ一片毎ニ社會ノ瘡痍ヲ治スル良藥ト謂フ可シ何トナレハ一國ノ將ニ失ハントシタル民ヲ返スハ復權ノ力ナレハナリ然ルニ復權ヲシテ此美果ヲ結ハシメント欲スレハ處刑人

ヲシテ復權ヲ得ルノ利益ヲ感セシメ且ツ之ヲシテ爭テ復權ヲ望マシムルヿヲ要ス復權ノ利益ヲ感セシメント欲セハ復權ヨリ生スヘキ効能ヲ大ニセサル可ラス爭テ之ヲ望マシメント欲セハ其手續ヲ簡略ニセサル可ラス然レハ則チ周到緻密ノ法式ヲ設クルカ如キハ本ト立法者ノ精神ニ非サルノミナラス又政畧上ノ得策ト謂フ可カラサルナリ

明治十五年十一月廿一日出版版權屆

全部二十冊ノ内第四冊迄發兌
以下毎月二冊宛出版

毎冊定價金拾七錢五厘

御用印行所　東京京橋區八官町十九番地　忠愛社

同芝區三島町　山中市兵衛

賣弘

同京橋區南傳馬町二丁目　穴山篤太郎

同日本橋區通三丁目　丸屋善七

同日本橋區本町三丁目　原亮三郎

書肆

同神田區雉子町
巖々堂

同神田區小川町六十二番地
西村兒一

西京寺町
福井孝太郎

大坂南區二ッ井戸町
藤原熊太郎

尾張名古屋
永樂屋東四郎

箱館地藏町
修文堂

新潟竹川町
京文社

王権論　自第一冊至第五冊　日本立法資料全集　別巻 1166

平成29年 9 月20日　　復刻版第 1 刷発行

著　者　ロ　リ　ユ　ー

訳　者　丸　毛　直　利

発行者　今　井　　貴
　　　　渡　辺　左　近

発行所　信　山　社　出　版

〒113-0033　東京都文京区本郷 6 - 2 - 9 -102
モンテベルデ第 2 東大正門前
電　話　03（3818）1019
F A X　03（3818）0344

郵便振替　00140-2-367777（信山社販売）

Printed in Japan.

制作／（株）信山社，印刷・製本／松澤印刷・日進堂

ISBN 978-4-7972-7278-9 C3332

別巻　巻数順一覧【950～981巻】

巻数	書　名	編・著者	ISBN	本体価格
950	実地応用町村制質疑録	野田藤吉郎、國吉拓郎	ISBN978-4-7972-6656-6	22,000円
951	市町村議員必携	川瀬周次、田中迪三	ISBN978-4-7972-6657-3	40,000円
952	増補 町村制執務備考 全	増澤鐵、飯島篤雄	ISBN978-4-7972-6658-0	46,000円
953	郡区町村編制法 府県会規則 地方税規則 三法綱論	小笠原美治	ISBN978-4-7972-6659-7	28,000円
954	郡区町村編制 府県会規則 地方税規則 新法例纂 追加地方諸要則	柳澤武運三	ISBN978-4-7972-6660-3	21,000円
955	地方革新講話	西内天行	ISBN978-4-7972-6921-5	40,000円
956	市町村名辞典	杉野耕三郎	ISBN978-4-7972-6922-2	38,000円
957	市町村吏員提要〔第三版〕	田邊好一	ISBN978-4-7972-6923-9	60,000円
958	帝国市町村便覧	大西林五郎	ISBN978-4-7972-6924-6	57,000円
959	最近検定 市町村名鑑 附 官国幣社 及 諸学校所在地一覧	藤澤衛彦、伊東順彦、増田穆、関惣右衛門	ISBN978-4-7972-6925-3	64,000円
960	鼇頭対照 市町村制解釈 附 理由書 及 参考諸布達	伊藤寿	ISBN978-4-7972-6926-0	40,000円
961	市町村制釈義 完　附 市町村制理由	水越成章	ISBN978-4-7972-6927-7	36,000円
962	府県郡市町村 模範治績　附 耕地整理法 産業組合法 附属法令	荻野千之助	ISBN978-4-7972-6928-4	74,000円
963	市町村大字読方名彙〔大正十四年度版〕	小川琢治	ISBN978-4-7972-6929-1	60,000円
964	町村会議員選挙要覧	津田東璋	ISBN978-4-7972-6930-7	34,000円
965	市制町村制 及 府県制　附 普通選挙法	法律研究会	ISBN978-4-7972-6931-4	30,000円
966	市制町村制註釈 完　附 市制町村制理由〔明治21年初版〕	角田真平、山田正賢	ISBN978-4-7972-6932-1	46,000円
967	市町村制詳解 全　附 市町村制理由	元田肇、加藤政之助、日鼻豊作	ISBN978-4-7972-6933-8	47,000円
968	区町村会議要覧 全	阪田辨之助	ISBN978-4-7972-6934-5	28,000円
969	実用 町村制市制事務提要	河邨貞山、島村文耕	ISBN978-4-7972-6935-2	46,000円
970	新旧対照 市制町村制正文〔第三版〕	自治館編輯局	ISBN978-4-7972-6936-9	28,000円
971	細密調査 市町村便覧(三府 四十三県 北海道 樺太 台湾 朝鮮 関東州)　附 分類官公衙公私学校銀行所在地一覧表	白山榮一郎、森田公美	ISBN978-4-7972-6937-6	88,000円
972	正文 市制町村制 並 附属法規	法曹閣	ISBN978-4-7972-6938-3	21,000円
973	台湾朝鮮関東州 全国市町村便覧 各学校所在地〔第一分冊〕	長谷川好太郎	ISBN978-4-7972-6939-0	58,000円
974	台湾朝鮮関東州 全国市町村便覧 各学校所在地〔第二分冊〕	長谷川好太郎	ISBN978-4-7972-6940-6	58,000円
975	合巻 佛蘭西邑法・和蘭邑法・皇国郡区町村編成法	箕作麟祥、大井憲太郎、神田孝平	ISBN978-4-7972-6941-3	28,000円
976	自治之模範	江木翼	ISBN978-4-7972-6942-0	60,000円
977	地方制度実例総覧〔明治36年初版〕	金田謙	ISBN978-4-7972-6943-7	48,000円
978	市町村民 自治読本	武藤榮治郎	ISBN978-4-7972-6944-4	22,000円
979	町村制詳解　附 市制及町村制理由	相澤富蔵	ISBN978-4-7972-6945-1	28,000円
980	改正 市町村制 並 附属法規	楠綾雄	ISBN978-4-7972-6946-8	28,000円
981	改正 市制 及 町村制〔訂正10版〕	山野金蔵	ISBN978-4-7972-6947-5	28,000円

別巻　巻数順一覧【915 ～ 949 巻】

巻数	書　名	編・著者	ISBN	本体価格
915	改正 新旧対照市町村一覧	鍾美堂	ISBN978-4-7972-6621-4	78,000 円
916	東京市会先例彙輯	後藤新平、桐島像一、八田五三	ISBN978-4-7972-6622-1	65,000 円
917	改正 地方制度解説〔第六版〕	狭間茂	ISBN978-4-7972-6623-8	67,000 円
918	改正 地方制度通義	荒川五郎	ISBN978-4-7972-6624-5	75,000 円
919	町村制市制全書 完	中嶋廣蔵	ISBN978-4-7972-6625-2	80,000 円
920	自治新制 市町村会法要談 全	田中重策	ISBN978-4-7972-6626-9	22,000 円
921	郡市町村吏員 収税実務要書	荻野千之助	ISBN978-4-7972-6627-6	21,000 円
922	町村至宝	桂虎次郎	ISBN978-4-7972-6628-3	36,000 円
923	地方制度通 全	上山満之進	ISBN978-4-7972-6629-0	60,000 円
924	帝国議会府県会郡会市町村会議員必携 附関係法規 第1分冊	太田峯三郎、林田亀太郎、小原新三	ISBN978-4-7972-6630-6	46,000 円
925	帝国議会府県会郡会市町村会議員必携 附関係法規 第2分冊	太田峯三郎、林田亀太郎、小原新三	ISBN978-4-7972-6631-3	62,000 円
926	市町村是	野田千太郎	ISBN978-4-7972-6632-0	21,000 円
927	市町村執務要覧 全 第1分冊	大成館編輯局	ISBN978-4-7972-6633-7	60,000 円
928	市町村執務要覧 全 第2分冊	大成館編輯局	ISBN978-4-7972-6634-4	58,000 円
929	府県会規則大全　附 裁定録	朝倉達三、若林友之	ISBN978-4-7972-6635-1	28,000 円
930	地方自治の手引	前田宇治郎	ISBN978-4-7972-6636-8	28,000 円
931	改正 市制町村制と衆議院議員選挙法	服部喜太郎	ISBN978-4-7972-6637-5	28,000 円
932	市町村国税事務取扱手続	広島財務研究会	ISBN978-4-7972-6638-2	34,000 円
933	地方自治制要義 全	末松偕一郎	ISBN978-4-7972-6639-9	57,000 円
934	市町村特別税之栞	三邊長治、水谷平吉	ISBN978-4-7972-6640-5	24,000 円
935	英国地方制度 及 税法	良保両氏、水野遵	ISBN978-4-7972-6641-2	34,000 円
936	英国地方制度 及 税法	髙橋達	ISBN978-4-7972-6642-9	20,000 円
937	日本法典全書 第一編 府県制郡制註釈	上條慎蔵、坪谷善四郎	ISBN978-4-7972-6643-6	58,000 円
938	判例挿入 自治法規全集 全	池田繁太郎	ISBN978-4-7972-6644-3	82,000 円
939	比較研究 自治之精髄	水野錬太郎	ISBN978-4-7972-6645-0	22,000 円
940	傍訓註釈 市制町村制 並ニ 理由書〔第三版〕	筒井時治	ISBN978-4-7972-6646-7	46,000 円
941	以呂波引町村便覧	田山宗堯	ISBN978-4-7972-6647-4	37,000 円
942	町村制執務要録 全	鷹巣清二郎	ISBN978-4-7972-6648-1	46,000 円
943	地方自治 及 振興策	床次竹二郎	ISBN978-4-7972-6649-8	30,000 円
944	地方自治講話	田中四郎左衛門	ISBN978-4-7972-6650-4	36,000 円
945	地方施設改良 訓諭演説集〔第六版〕	鹽川玉江	ISBN978-4-7972-6651-1	40,000 円
946	帝国地方自治団体発達史〔第三版〕	佐藤亀齢	ISBN978-4-7972-6652-8	48,000 円
947	農村自治	小橋一太	ISBN978-4-7972-6653-5	34,000 円
948	国税 地方税 市町村税 滞納処分法問答	竹尾高堅	ISBN978-4-7972-6654-2	28,000 円
949	市町村役場実用 完	福井淳	ISBN978-4-7972-6655-9	40,000 円

別巻　巻数順一覧【878 ～ 914 巻】

巻数	書　名	編・著者	ISBN	本体価格
878	明治史第六編 政黨史	博文館編輯局	ISBN978-4-7972-7180-5	42,000 円
879	日本政黨發達史 全〔第一分冊〕	上野熊藏	ISBN978-4-7972-7181-2	50,000 円
880	日本政黨發達史 全〔第二分冊〕	上野熊藏	ISBN978-4-7972-7182-9	50,000 円
881	政党論	梶原保人	ISBN978-4-7972-7184-3	30,000 円
882	獨逸新民法商法正文	古川五郎、山口弘一	ISBN978-4-7972-7185-0	90,000 円
883	日本民法鼇頭對比獨逸民法	荒波正隆	ISBN978-4-7972-7186-7	40,000 円
884	泰西立憲國政治攬要	荒井泰治	ISBN978-4-7972-7187-4	30,000 円
885	改正衆議院議員選擧法釋義 全	福岡伯、横田左仲	ISBN978-4-7972-7188-1	42,000 円
886	改正衆議院議員選擧法釋義 附 改正貴族院令,治安維持法	犀川長作、犀川久平	ISBN978-4-7972-7189-8	33,000 円
887	公民必携 選擧法規ト判決例	大浦兼武、平沼騏一郎、木下友三郎、清水澄、三浦數平	ISBN978-4-7972-7190-4	96,000 円
888	衆議院議員選擧法輯覽	司法省刑事局	ISBN978-4-7972-7191-1	53,000 円
889	行政司法選擧判例總覽―行政救濟と其手續―	澤田竹治郎・川崎秀男	ISBN978-4-7972-7192-8	72,000 円
890	日本親族相續法義解 全	髙橋捨六・堀田馬三	ISBN978-4-7972-7193-5	45,000 円
891	普通選擧文書集成	山中秀男・岩本溫良	ISBN978-4-7972-7194-2	85,000 円
892	普選の勝者 代議士月旦	大石末吉	ISBN978-4-7972-7195-9	60,000 円
893	刑法註釋 卷一～卷四(上卷)	村田保	ISBN978-4-7972-7196-6	58,000 円
894	刑法註釋 卷五～卷八(下卷)	村田保	ISBN978-4-7972-7197-3	50,000 円
895	治罪法註釋 卷一～卷四(上卷)	村田保	ISBN978-4-7972-7198-0	50,000 円
896	治罪法註釋 卷五～卷八(下卷)	村田保	ISBN978-4-7972-7198-0	50,000 円
897	議會選擧法	カール・ブラウニアス、國政研究科會	ISBN978-4-7972-7201-7	42,000 円
901	鼇頭註釈 町村制　附 理由 全	八乙女盛次、片野続	ISBN978-4-7972-6607-8	28,000 円
902	改正 市制町村制　附 改正要義	田山宗堯	ISBN978-4-7972-6608-5	28,000 円
903	増補訂正 町村制詳解〔第十五版〕	長峰安三郎、三浦通太、野田千太郎	ISBN978-4-7972-6609-2	52,000 円
904	市制町村制 並 理由書　附 直接間接税類別及実施手続	高崎修助	ISBN978-4-7972-6610-8	20,000 円
905	町村制要義	河野正義	ISBN978-4-7972-6611-5	28,000 円
906	改正 市制町村制義解〔帝國地方行政学会〕	川村芳次	ISBN978-4-7972-6612-2	60,000 円
907	市制町村制 及 関係法令〔第三版〕	野田千太郎	ISBN978-4-7972-6613-9	35,000 円
908	市町村新旧対照一覧	中村芳松	ISBN978-4-7972-6614-6	38,000 円
909	改正 府県郡制問答講義	木内英雄	ISBN978-4-7972-6615-3	28,000 円
910	地方自治提要 全　附 諸届願書式 日用規則抄録	木村時義、吉武則久	ISBN978-4-7972-6616-0	56,000 円
911	訂正増補 市町村制問答詳解　附 理由及追輯	福井淳	ISBN978-4-7972-6617-7	70,000 円
912	改正 府県制郡制註釈〔第三版〕	福井淳	ISBN978-4-7972-6618-4	34,000 円
913	地方制度実例総覧〔第七版〕	自治館編輯局	ISBN978-4-7972-6619-1	78,000 円
914	英国地方政治論	ジョージ・チャールズ・ブロドリック、久米金彌	ISBN978-4-7972-6620-7	30,000 円

別巻　巻数順一覧【843～877巻】

巻数	書　名	編・著者	ISBN	本体価格
843	法律汎論	熊谷直太	ISBN978-4-7972-7141-6	40,000円
844	英國國會選擧訴願判決例 全	オマリー、ハードカッスル、サンタース	ISBN978-4-7972-7142-3	80,000円
845	衆議院議員選擧法改正理由書 完	内務省	ISBN978-4-7972-7143-0	40,000円
846	戇齋法律論文集	森作太郎	ISBN978-4-7972-7144-7	45,000円
847	雨山遺稾	渡邉輝之助	ISBN978-4-7972-7145-4	70,000円
848	法曹紙屑籠	鷺城逸史	ISBN978-4-7972-7146-1	54,000円
849	法例彙纂 民法之部 第一篇	史官	ISBN978-4-7972-7147-8	66,000円
850	法例彙纂 民法之部 第二篇〔第一分冊〕	史官	ISBN978-4-7972-7148-5	55,000円
851	法例彙纂 民法之部 第二篇〔第二分冊〕	史官	ISBN978-4-7972-7149-2	75,000円
852	法例彙纂 商法之部〔第一分冊〕	史官	ISBN978-4-7972-7150-8	70,000円
853	法例彙纂 商法之部〔第二分冊〕	史官	ISBN978-4-7972-7151-5	75,000円
854	法例彙纂 訴訟法之部〔第一分冊〕	史官	ISBN978-4-7972-7152-2	60,000円
855	法例彙纂 訴訟法之部〔第二分冊〕	史官	ISBN978-4-7972-7153-9	48,000円
856	法例彙纂 懲罰則之部	史官	ISBN978-4-7972-7154-6	58,000円
857	法例彙纂 第二版 民法之部〔第一分冊〕	史官	ISBN978-4-7972-7155-3	70,000円
858	法例彙纂 第二版 民法之部〔第二分冊〕	史官	ISBN978-4-7972-7156-0	70,000円
859	法例彙纂 第二版 商法之部・訴訟法之部〔第一分冊〕	太政官記録掛	ISBN978-4-7972-7157-7	72,000円
860	法例彙纂 第二版 商法之部・訴訟法之部〔第二分冊〕	太政官記録掛	ISBN978-4-7972-7158-4	40,000円
861	法令彙纂 第三版 民法之部〔第一分冊〕	太政官記録掛	ISBN978-4-7972-7159-1	54,000円
862	法令彙纂 第三版 民法之部〔第ニ分冊〕	太政官記録掛	ISBN978-4-7972-7160-7	54,000円
863	現行法律規則全書（上）	小笠原美治、井田鐘次郎	ISBN978-4-7972-7162-1	50,000円
864	現行法律規則全書（下）	小笠原美治、井田鐘次郎	ISBN978-4-7972-7163-8	53,000円
865	國民法制通論 上卷・下卷	仁保龜松	ISBN978-4-7972-7165-2	56,000円
866	刑法註釋	磯部四郎、小笠原美治	ISBN978-4-7972-7166-9	85,000円
867	治罪法註釋	磯部四郎、小笠原美治	ISBN978-4-7972-7167-6	70,000円
868	政法哲學 前編	ハーバート・スペンサー、濱野定四郎、渡邊治	ISBN978-4-7972-7168-3	45,000円
869	政法哲學 後編	ハーバート・スペンサー、濱野定四郎、渡邊治	ISBN978-4-7972-7169-0	45,000円
870	佛國商法復説 第壹篇自第壹卷至第七卷	リウヒエール、商法編纂局	ISBN978-4-7972-7171-3	75,000円
871	佛國商法復説 第壹篇第八卷	リウヒエール、商法編纂局	ISBN978-4-7972-7172-0	45,000円
872	佛國商法復説 自第二篇至第四篇	リウヒエール、商法編纂局	ISBN978-4-7972-7173-7	70,000円
873	佛國商法復説 書式之部	リウヒエール、商法編纂局	ISBN978-4-7972-7174-4	40,000円
874	代言試驗問題擬判録 全 附録明治法律學校民刑問題及答案	熊野敏三、宮城浩蔵 河野和三郎、岡義男	ISBN978-4-7972-7176-8	35,000円
875	各國官吏試驗法類集 上・下	内閣	ISBN978-4-7972-7177-5	54,000円
876	商業規篇	矢野亨	ISBN978-4-7972-7178-2	53,000円
877	民法実用法典 全	福田一覺	ISBN978-4-7972-7179-9	45,000円

別巻　巻数順一覧【810 ～ 842 巻】

巻数	書　名	編・著者	ISBN	本体価格
810	訓點法國律例 民律 上卷	鄭永寧	ISBN978-4-7972-7105-8	50,000 円
811	訓點法國律例 民律 中卷	鄭永寧	ISBN978-4-7972-7106-5	50,000 円
812	訓點法國律例 民律 下卷	鄭永寧	ISBN978-4-7972-7107-2	60,000 円
813	訓點法國律例 民律指掌	鄭永寧	ISBN978-4-7972-7108-9	58,000 円
814	訓點法國律例 貿易定律・園林則律	鄭永寧	ISBN978-4-7972-7109-6	60,000 円
815	民事訴訟法 完	本多康直	ISBN978-4-7972-7111-9	65,000 円
816	物權法(第一部)完	西川一男	ISBN978-4-7972-7112-6	45,000 円
817	物權法(第二部)完	馬場愿治	ISBN978-4-7972-7113-3	35,000 円
818	商法五十課 全	アーサー・B・クラーク、本多孫四郎	ISBN978-4-7972-7115-7	38,000 円
819	英米商法律原論 契約之部及流通券之部	岡山兼吉、淺井勝	ISBN978-4-7972-7116-4	38,000 円
820	英國組合法 完	サー・フレデリック・ポロック、榊原幾久若	ISBN978-4-7972-7117-1	30,000 円
821	自治論 一名人民ノ自由 卷之上・卷之下	リーバー、林董	ISBN978-4-7972-7118-8	55,000 円
822	自治論纂 全一册	獨逸學協會	ISBN978-4-7972-7119-5	50,000 円
823	憲法彙纂	古屋宗作、鹿島秀麿	ISBN978-4-7972-7120-1	35,000 円
824	國會汎論	ブルンチュリー、石津可輔、讃井逸三	ISBN978-4-7972-7121-8	30,000 円
825	威氏法學通論	エスクバック、渡邊輝之助、神山亨太郎	ISBN978-4-7972-7122-5	35,000 円
826	萬國憲法 全	高田早苗、坪谷善四郎	ISBN978-4-7972-7123-2	50,000 円
827	綱目代議政體	J・S・ミル、上田充	ISBN978-4-7972-7124-9	40,000 円
828	法學通論	山田喜之助	ISBN978-4-7972-7125-6	30,000 円
829	法學通論 完	島田俊雄、溝上與三郎	ISBN978-4-7972-7126-3	35,000 円
830	自由之權利 一名自由之理 全	J・S・ミル、高橋正次郎	ISBN978-4-7972-7127-0	38,000 円
831	歐洲代議政體起原史 第一册・第二册／代議政體原論 完	ギゾー、漆間眞學、藤田四郎、アンドリー、山口松五郎	ISBN978-4-7972-7128-7	100,000 円
832	代議政體 全	J・S・ミル、前橋孝義	ISBN978-4-7972-7129-4	55,000 円
833	民約論	J・J・ルソー、田中弘義、服部德	ISBN978-4-7972-7130-0	40,000 円
834	歐米政黨沿革史總論	藤田四郎	ISBN978-4-7972-7131-7	30,000 円
835	内外政黨事情・日本政黨事情 完	中村義三、大久保常吉	ISBN978-4-7972-7132-4	35,000 円
836	議會及政黨論	菊池學而	ISBN978-4-7972-7133-1	35,000 円
837	各國之政黨 全〔第1分冊〕	外務省政務局	ISBN978-4-7972-7134-8	70,000 円
838	各國之政黨 全〔第2分冊〕	外務省政務局	ISBN978-4-7972-7135-5	60,000 円
839	大日本政黨史 全	若林淸、尾崎行雄、箕浦勝人、加藤恒忠	ISBN978-4-7972-7137-9	63,000 円
840	民約論	ルソー、藤田浪人	ISBN978-4-7972-7138-6	30,000 円
841	人權宣告辯妄・政治眞論一名主權辯妄	ベンサム、草野宣隆、藤田四郎	ISBN978-4-7972-7139-3	40,000 円
842	法制講義 全	赤司鷹一郎	ISBN978-4-7972-7140-9	30,000 円

JN175271